讲座及纪要整理得到
河南大学历史文化学院、黄河文明省部共建协同创新中心资助

本书为“河南省四个分时期专题历史文化研究”项目成果

本书为河南大学夏文化协同创新中心系列成果

夏文化十二讲

张立东　侯卫东　刘中伟／编

中原出版传媒集团
中原传媒股份公司
大象出版社
·郑州·

图书在版编目(CIP)数据

夏文化十二讲 / 张立东, 侯卫东, 刘中伟编. — 郑州 : 大象出版社, 2023. 7
ISBN 978-7-5711-1785-6

Ⅰ. ①夏… Ⅱ. ①张… ②侯… ③刘… Ⅲ. ①夏文化(考古)-研究 Ⅳ. ①K871. 34

中国版本图书馆 CIP 数据核字(2023)第 052943 号

夏文化十二讲

XIAWENHUA SHIERJIANG

张立东　侯卫东　刘中伟　编

出 版 人　汪林中
责任编辑　李小希
责任校对　牛志远
装帧设计　王晶晶

出版发行　大象出版社(郑州市郑东新区祥盛街 27 号　邮政编码 450016)
发行科　0371-63863553　总编室　0371-65597936
网　　址　www. daxiang. cn
印　　刷　河南瑞之光印刷股份有限公司
经　　销　各地新华书店经销
开　　本　640 mm×960 mm　1/16
印　　张　16. 25
字　　数　183 千字
版　　次　2023 年 7 月第 1 版　2023 年 7 月第 1 次印刷
定　　价　65. 00 元

印厂地址　武陟县产业集聚区东区(詹店镇)泰安路与昌平路交叉口
邮政编码　454950　　　　　电话　0371-63956290

序　言

本书是河南大学夏文化暑期研讨班部分课堂讲演的合集，是各位主讲老师和负责录音整理的同学共同努力的结果。

自 1926 年李济先生的晋西南调查开始，夏文化探索的历史已近百年。在这近百年历程中，夏文化探索的活动有过若干次浪潮。第一次浪潮源自李济先生的晋西南调查及夏县西阴村的发掘。1931 年李济先生的学生徐中舒先生提出仰韶文化为夏文化说，该学说成为当时学界的共识。第二次浪潮始自 1959 年春夏徐旭生先生主持的豫西“夏墟”调查。当年秋天中国科学院考古研究所和河南省文化局文物工作队分别在偃师二里头遗址进行发掘，之后中国科学院考古研究所不仅对二里头遗址进行了连续发掘，发现了大型宫殿遗址，还在山西南部进行了细致的调查，并在 1974 年秋开始发掘夏县东下冯遗址。第三次浪潮始自 1977 年的登封王城岗遗址考古发掘现场会议，会后学界对夏商文化分界等问题进行了热烈讨论，主要表现为二里头遗址西亳说与郑州商城亳都说的争鸣。1983 年偃师商城的发现更是对此讨论起到了推波助澜的作用，讨论的格局变为偃师商城西亳说与郑州商城亳都说的论战，原来持二里头遗址西亳说者大多转而主张偃师商城西亳说。

第四次浪潮始自1996年启动、2000年结项的“夏商周断代工程”。偃师二里头、登封王城岗和禹州瓦店等遗址的发掘，关于历史年代和都邑地望的研究，以及关于夏文化年代上限与夏商文化年代分界的多次研讨，都大大推进了夏文化的研究，并且引起了学界的关注。第五次浪潮形成于2010年前后，随着公共考古的广泛开展、大学通识课的设立，以及博客、微信等自媒体的发展，夏文化问题得到了全社会的密切关注。考古学者开始用比较通俗的文字向公众介绍夏文化探索的成果，也有人非常明确地质疑夏代的存在，最离谱者甚至将夏文化推定在现代中国疆域之外。河南大学夏文化暑期研讨班就是在这样的学术环境下开办的。

在大学第三个学期听了先师邹衡先生的“商周考古”课之后，我就立志学习夏商周考古。后来做研究生时，我先是在豫北的淇县宋窑遗址进行发掘，之后是比较漫长的室内整理，最后写出发掘报告及博士论文《论辉卫文化》。所谓“辉卫文化”，就是先师提出的“先商文化辉卫类型”，也就是说，我在研究生阶段专攻的是与夏文化密切相关的先商文化。当时为了推定辉卫文化的性质和年代，我对二里头文化、夏文化颇下了一番功夫，将当时已经发表的所有有关二里头文化（包括被归入二里头文化的东下冯类型）的发掘报告都做了卡片，并对二里头文化进行了分期研究，将其分为两期四段九组。在博士论文中关于辉卫文化年代的章节里，我加入了自己对二里头文化和郑州二里冈文化分期的内容，并通过对照两个文化的分期推定了夏商文化的年代分界。在分析辉卫文化的性质时，我也对二里头文化的内涵进行了比较全面的总结，并将其与辉卫文化进行了对比。

1994 年 4 月进入中国社会科学院考古研究所工作之后，受师叔郑光先生之邀，我加入了二里头考古队，参加了 1994 年秋、1995 年春和 1995 年秋二里头遗址第九区的发掘。1995 年秋的发掘刚开始不久，我就被所里调到偃师商城主持工作，直至 1996 年夏天。回到二里头考古队之后，我在 1997 年春主持了“夏商周断代工程”在二里头遗址第五区的发掘。之后我将主要精力用于撰写《中国考古学·夏商卷》的先商全部、早商大部及东方、西北和西南三个方向的周边地区的内容，以及撰写“夏商周断代工程”的夏代课题结题报告和工程总报告（简本）中的夏代及商前期部分，直到 1999 年 9 月 2 日前往哈佛大学访问。在中国社会科学院考古研究所实际工作的五年里，我一直都是围绕夏文化这个中心目标，从事夏文化、先商文化和早商文化的研究。当时我曾想模仿王宇信先生的《建国以来甲骨文研究》，写一本夏文化探索的学术史。在准备过程中，我发现很多考古工作的缘起、过程和影响在已经正式出版的书刊中基本不见，于是萌生了请老先生们写回忆录的想法，后来与大象出版社主持《寻根》杂志的周雁大姐谈起此事，她建议做成访谈的形式，于是我们合作编辑了小书《手铲释天书——与夏文化探索者的对话》。访谈的形式远比最初设想的搜集口述史料要好很多，该书出版之后颇有影响。

在哈佛大学和芝加哥大学访问学习期间，我虽然把主要精力放到学习考古学理论与方法、世界古代文明、美术史、古代文献、思想史等方面，但一直密切关注夏商文化研究的进展，而且比较注意新学与旧研的结合，不仅整理了一些旧作，还写了几篇与夏文化相关的论文。这些论文中已经以各种形式发表的有《夏都斟寻与商都亳合考》《李济与西阴村和夏文化》《二十世纪的夏文化研究历程》《夏商成之战补说》《徐旭生与中国考古学》《关于商代积年的初步研究》《钺在祭几之上："商"字新释》《郑州战国陶文"亳"、"十一年以来"再考》《偃师商城名"汤"说补考》和《东周货币地名与夏商文化研究》。

2014年3月，我到河南大学历史文化学院任教之后，讲授"中国古代青铜器"课程。虽然此课程对夏文化问题有所涉及，但远远无法全面体现自己在夏商文化研究方面的学术积累，于是在看到学院办公楼外及网上有关暑期学校、夏令营之类的告示时，我萌发了举办有关夏商文化研究暑期班的想法。2017年春，我开始给新设立的考古学专业本科生讲授"夏商考古"，学术重心重新回归夏商文化研究。鉴于社会各界对夏文化的讨论非常热烈，于是我决心举办以夏文化为主题的暑期研讨班，其原因有二：一是就夏文化研究的发展而言，此班可帮助青年学子了解夏文化探索的理论、方法及学术史，以免受一些学术噪声的干扰；二是就河南大学考古学科的发展而言，应该寻找一个可以立足学术界的突破口，而无论从当时学术形势来说还是学术地缘来说，夏文化这个主题都是最为合适的。

2018年春节，王巍先生来到学校，召集院领导和考古文博系的骨干教师在他的办公室座谈，主要讨论如何以古代文明研究中心这个平台开展科研活动。我趁机向老领导汇报了来到河南大学后办的"三代文明工作坊"系列讲座、"三代文明"微信公众号等事宜，并提出了举办以夏文化为主题的暑期研讨班之事。王巍先生当场表示大力支持，并特别说明可以使用河南大学分配给他的科研经费，在座的时任院长苗书梅教授、副院长张礼刚教授等也都表示大力支持。这一学期进行当中，张礼刚副院长让我填写举办暑期研讨班的申请表，并将他们举办犹太研究暑期研讨班的经验倾囊相告。等到学校批复之后，我就拉着年轻的同事刘中伟、侯卫东两位老师共同操办起来。刘老师负责场地、食宿、旅行等，侯老师则负责宣传、会场、录音整理等，并请研究生、本科生协助办理各项事务。经过各位师生的共同努力，首届夏文化暑期研讨班顺利结业。授课老师中有刘绪、王巍、方燕明先生等夏文化研究方面的大家，加上室内讲座与现场参观相结合的课程设计和暖心的食宿安排等，夏文化暑期研讨班在校内和学术界都获得了一些比较正面的评价。于是该班此后每年夏天举办一届，到 2022 年已经连续举办了五届。

在每届的开班仪式上，我都会讲到前几年制定的关于夏文化研究的宏伟计划。这个计划大致包括“昨天”“今天”“明天”三个方面：“昨天”是对已往研究的全面总结；“今天”是在现有资料基础上的深入研究；“明天”则是培养未来的夏文化研究者。暑期研讨班就是针对“明天”的一个举措，主旨是“培养未来的夏文化研究者”，希望班上的青年学子能够投身于夏文化的研究之中，为重建中国上古史做出杰出贡献；也希望将来不专门从事夏文化研究的学员，因为对夏文化研究的了解而密切关注、积极支持夏文化的研究，甚或偶尔来场友情客串。

历届的课程内容都是经过认真安排的，以夏文化的推定为核心，涵盖了夏文化的方方面面。根据分工，侯卫东老师组织学生对所有的课程进行了录音整理，前两届的讲座纪要大多先后在“考古河山”微信公众号上推出。本书收入的主要是第四届的十个讲座，加上王巍先生在首届的首讲和刘绪先生在第二届的首讲，其他讲座纪要会在征得主讲人同意后逐步正式结集出版。

本书的出版将永久保存夏文化暑期研讨班的部分课程，以供有志于夏文化研究的学者参考。

借此机会感谢各位领导、老师、同学们的支持和帮助！

张立东

2022 年 4 月

目　录

第一讲

中原地区文明化进程中的夏文化研究

主讲人：王巍　中国社会科学院学部委员、河南大学古代文明研究中心主任

讲座时间：2018 年 7 月 16 日

讲座地点：首届河南大学夏文化暑期研讨班

整理人：张玲　吉林大学文学院考古学系 2016 级考古学硕士研究生

文明化进程是从历史纵深的角度研究文明的起源、形成及发展的。文明是人类文化和社会发展的高级阶段。在生产发展的基础上，社会出现分工和分化，进而发展成不同的阶段，出现强制性的公共权力——国家。文化和社会共同发展，两者缺一不可。

中华文明起源的中心正是在中原地区，关于聚落形态反映的中原地区文明化进程必须从居住形态和墓葬反映的差别两方面综合起来考虑，才能比较科学地阐述和论证文明化进程。

一、中原地区文明化进程的梳理

（一）文明的起源、形成——初期阶段

约5800年前，铸鼎塬中心性聚落出现，黄河中游地区出现了最早的社会分化（图一）。其中河南灵宝铸鼎塬遗址年代最早，该遗址发现了疑似权贵阶层居住的场所，总面积近500平方米，且发现了目前最早反映中原地区出现社会分化的墓葬（图二、三、四）。这是这个时期在全国范围内第一次出现面积上百万平方米的大型聚落，人口开始有意识地集中，社会开始出现分化，文明起源处于加速状态。

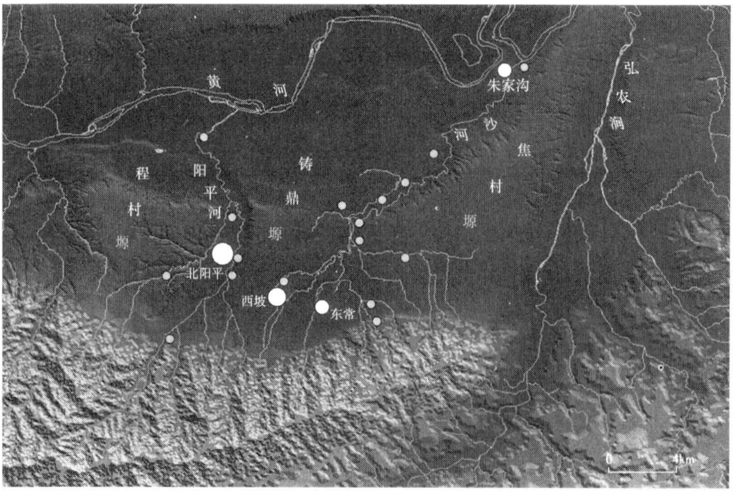

图一　铸鼎塬周围庙底沟类型遗址分布图

（采自中国社会科学院考古研究所、河南省文物考古研究所：《灵宝西坡墓地》，文物出版社，2010年，第10页，图1-2）

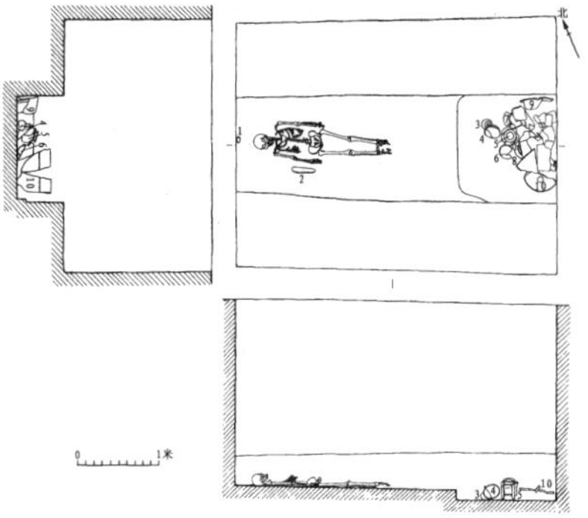

图二　灵宝西坡遗址墓地 M8 平、剖面图

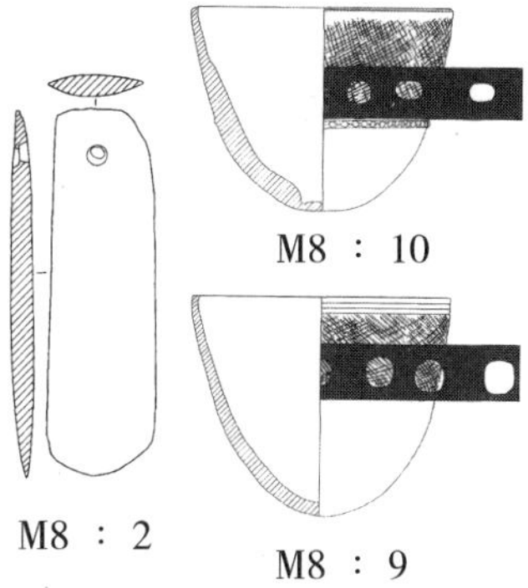

图三　灵宝西坡遗址墓地 M8 部分器物图：M8 ：2 玉钺，M8 ：10 陶大口缸，M8 ：9 陶大口缸

图四　灵宝西坡遗址 F106 平面图

（图二、三采自马萧林、李新伟、杨海青：《河南灵宝市西坡遗址墓地 2005 年发掘简报》，《考古》2008 年第 1 期，图四、图九、图十；图四采自李新伟、马萧林、杨海青：《河南灵宝市西坡遗址发现一座仰韶文化中期特大房址》，《考古》2005 年第 3 期，图一）

在铸鼎塬集中出现大型聚落的时代，中原地区文化开始向周围地区施加强烈影响，主要表现为彩陶文化的扩张。彩陶文化的扩张，其意义远远超出艺术的层面，可能具有原始宗教的意味。此时中原地区第一次发挥其中心作用，其背后

的原因可能是炎黄集团的兴起。距今 5500 年以后，中原的核心地区由豫西转移到郑州一带。在郑州巩义双槐树遗址发现了大型聚落，面积达上百万平方米，有三重环壕，内环壕包围着大型居址（图五），该遗址年代为距今 5500 —5300 年。

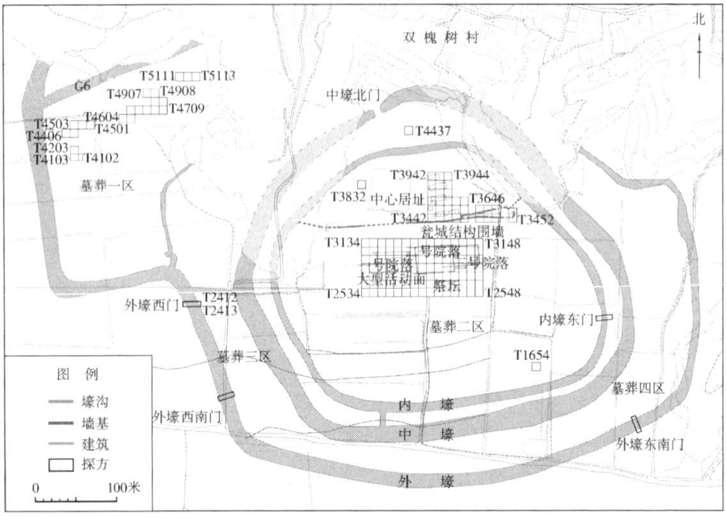

图五　郑州巩义双槐树遗址平面图

（采自顾万发、汪旭、胡亚毅、信应君：《河南巩义市双槐树新石器时代遗址》，《考古》2021 年第 7 期，图二）

距今 5300 年前后，中原地区文明化进程进入加速发展时期，社会分化加剧，带有防御性的城址开始出现。在郑州地区发现了中原地区黄河流域最早的城址——西山城址。西山城址平面近圆形，城外有壕沟环绕，形成了三重防御体系，有 20 余万平方米，年代距今 5300—4800 年。西山城址正处在传统的圆形环壕聚落向城墙环绕的方形城址的过渡阶段，具有浓厚的军事防御色彩，并体现了明显的杀婴祭祀信仰。（图六、七、八、九）

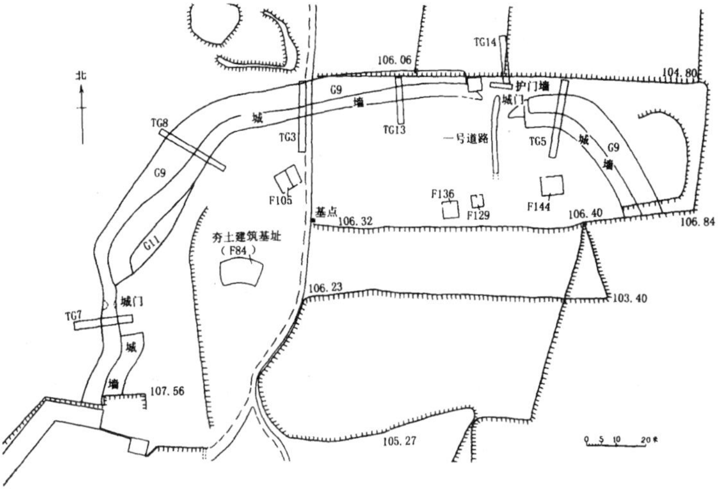

图六　西山城址平面图

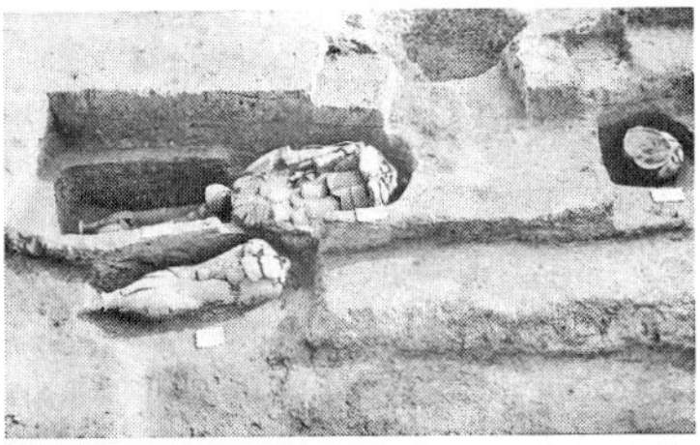

图七　北城墙奠基瓮棺群

图八　西门北侧城墙

图九　西门奠基遗迹出土彩陶器

（图六采自张玉石、赵新平、乔梁：《郑州西山仰韶时代城址的发掘》，《文物》1999年第7期，图十；图七、八、九采自张玉石、郝红星：《中原大地第一域　郑州西山古城发掘记》，《大众考古》2016年第5期）

（二）文明的发展——从初期阶段进入王国文明阶段

大型城邑的出现是进入文明社会的标志。在距今 4000 年左右，中原地区大型城邑相继营建，如新密古城寨遗址、新砦遗址，登封王城岗遗址，偃师二里头遗址，其中二里头遗址已经进入文明的新阶段——王国文明阶段。

1. 古城寨遗址

古城寨遗址位于新密市与新郑市交界处，城内面积近 18 万平方米，四周环绕护城河。在古城寨遗址内的东南部，发现了大面积的夯土建筑基址；在城内中部偏东北发现了中原龙山时代最早的宫殿基址 F1（图一〇、一一）。遗址始建于距今 4200—3800 年。

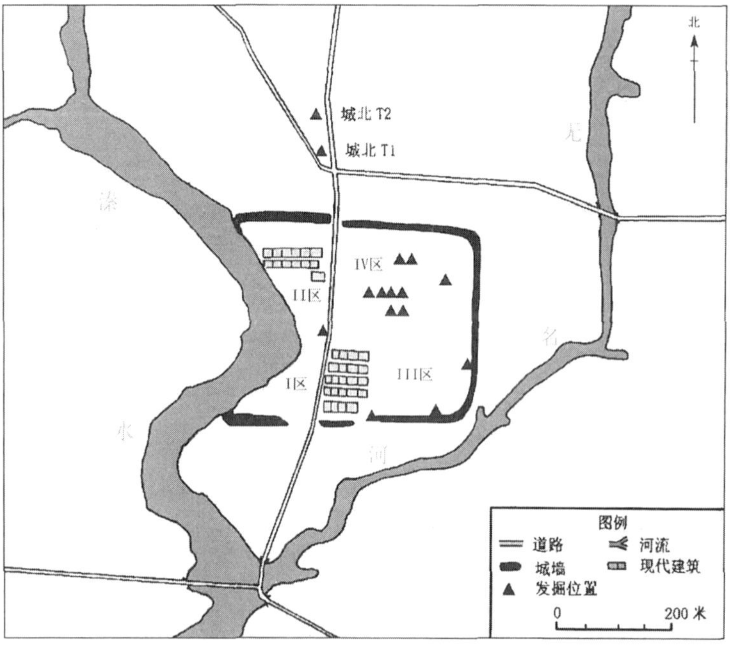

图一〇　古城寨遗址平面图

（采自蔡全法、马俊才：《河南新密市古城寨龙山文化城址发掘简报》，《华夏考古》2002 年第 2 期，图二）

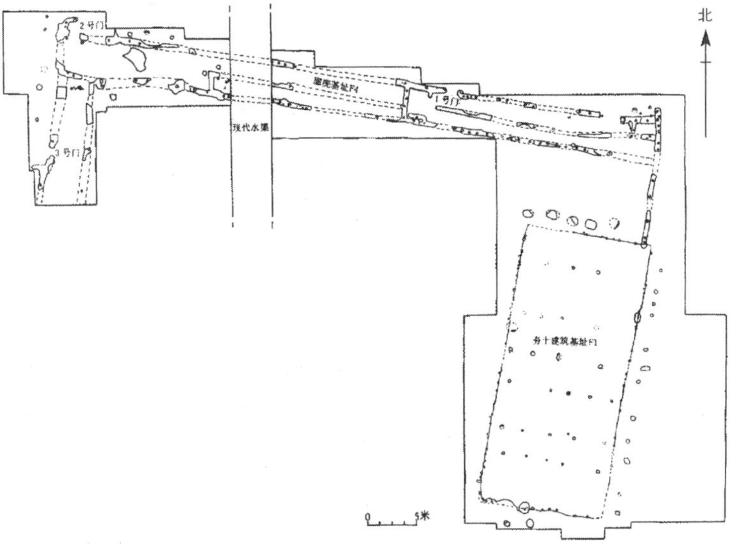

图一一　夯土建筑基址 F1 和廊庑基址 F4 平面图

（采自蔡全法、郝红星：《会变身的古城　河南新密古城寨龙山文化遗址》，《大众考古》2018 年第 4 期）

2. 登封王城岗遗址

王城岗遗址位于河南省登封市告成镇西，分为大城和小城两部分，两城东西并列。大城复原面积为 34.8 万平方米，城内发现有高等级的建筑，很遗憾目前考古人员没有对高等级建筑的形制及功能性设施进行追溯。由大城规模可知，该城址在中原地区龙山文化晚期中规模首屈一指，应是当时的都邑遗址（图一二）。王城岗大城的测年：上限为公元前 2110 —公元前 2045 年，下限为公元前 2070 —公元前 2030 年。目前，有不少学者根据大城年代、规模及文献记载，认为其是禹都阳城。

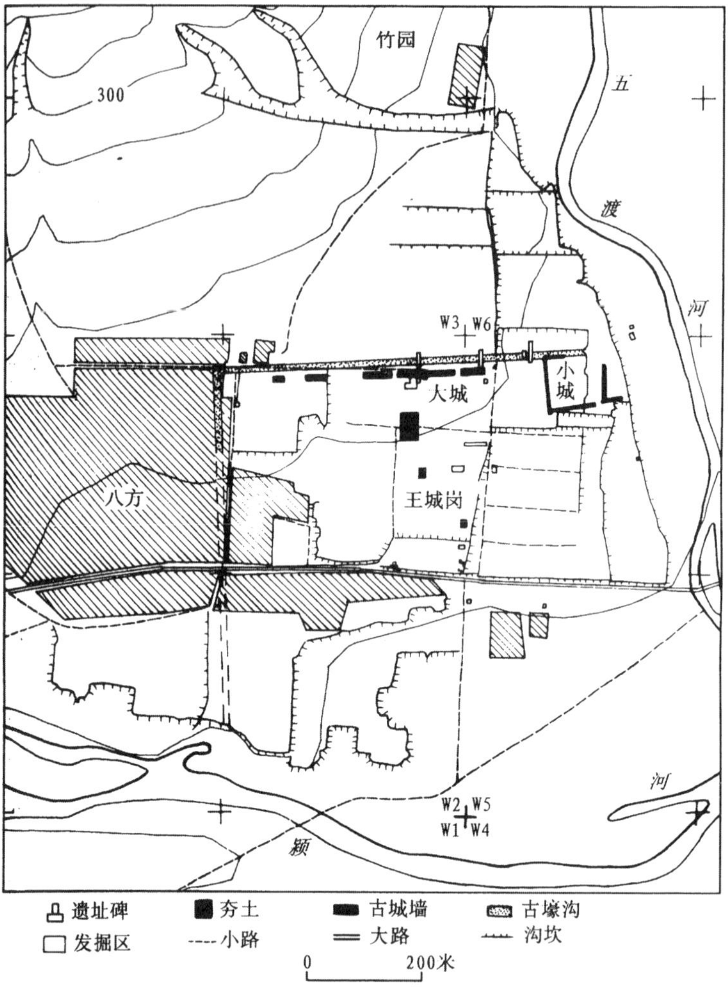

图一二　王城岗遗址平面图

（采自方燕明、刘绪：《河南登封市王城岗遗址 2002、2004 年发掘简报》，《考古》2006 年第 9 期，图三）

3. 新密新砦遗址

新砦遗址的年代基本上衔接登封王城岗遗址。遗址位于河南省新密市刘寨乡，面积约 100 万平方米，是一处设有外壕、城壕、内壕三重防御设施，中心区建有大型建筑的城址（图一三、一四）。该城址建于河南龙山文化晚期，在新砦期重建，废弃于二里头文化一期，其性质虽有争议，但被视为当时政治、经济中心城址应无疑义。新砦遗址有百万平方米的规模，有三重环壕、大型建筑，且同时期中原地区还没有发现能与它匹敌的中心性遗址，所以很多学者认为它可能是夏代前期的都城。

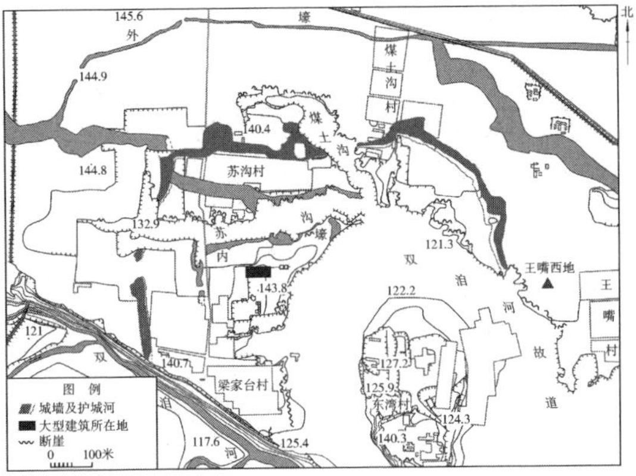

图一三　新砦遗址发掘区位置示意图

图一四　新砦遗址浅穴式大型建筑（俯瞰）

（图一三采自魏继印、赵春青、顾万发、王巍：《河南新密市新砦遗址王嘴西地发掘简报》，《考古》2018年第3期，图一；图一四采自赵春青、张松林、谢肃、黄卫东、张巧燕：《河南新密市新砦遗址浅穴式大型建筑基址的发掘》，《考古》2009年第2期）

4. 二里头遗址

二里头遗址位于洛阳的东郊偃师，城址总面积约 300 万平方米，城内发现了大型建筑（图一五、一六）。二里头遗址的一号、二号宫殿，具有中轴线及左右对称、前后相连的布局理念，开创了中国古代宫室制度的先河（图一七）。宫城南侧大路上发现车辙，是东亚迄今最早的用车证据，该车可能用来搬运手工业物品。宫城外发现制作铜器和绿松石等高等级物品的手工业作坊，是目前最早的官营手工业作坊。在三号宫殿院内发现了几座墓葬，其中一座出土了长达 60 多厘米的用 2000 多片绿松石镶嵌而成的龙形器，暗示墓主人具有非同一般的身份（图一八·6）。

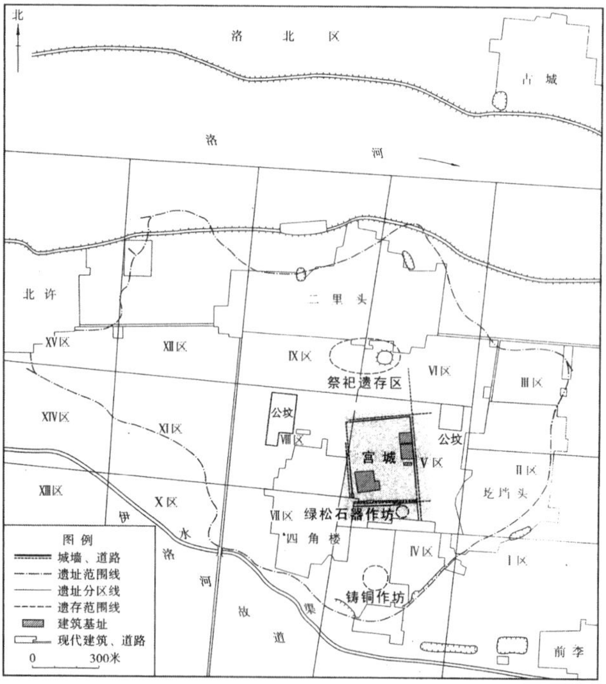

图一五　二里头遗址平面图

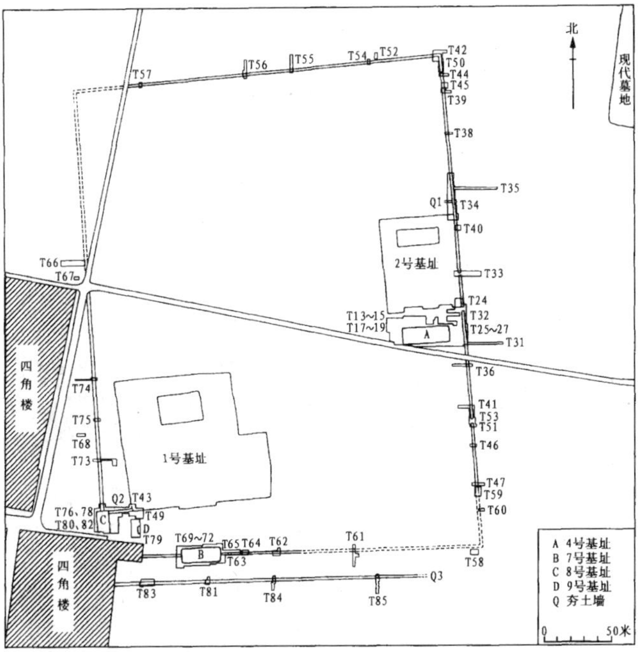

图一六 二里头遗址宫城城墙及相关遗迹平面图

（图一五采自中国社会科学院考古研究所：《二里头（1999～2006）》，文物出版社，2014年，第7页，图1-1-3-3；图一六采自许宏、赵海涛：《河南偃师市二里头遗址宫城及宫殿区外围道路的勘察与发掘》，《考古》2004年第11期，图一）

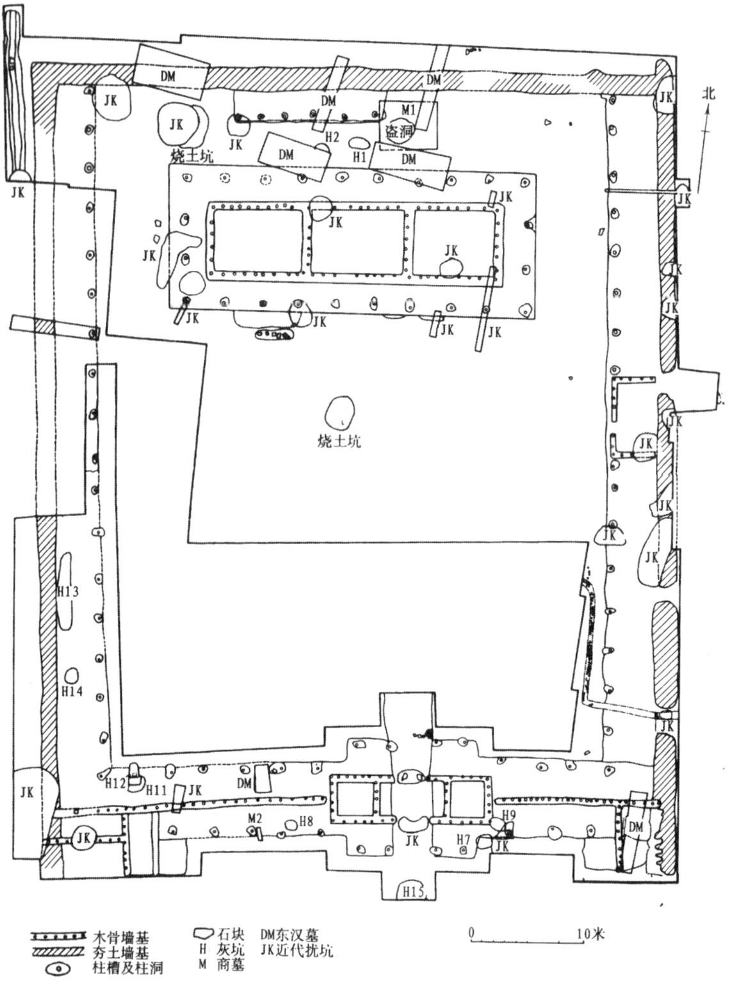

图一七　二号宫殿基址平面图

（采自中国社会科学院考古研究所：《偃师二里头（1959年～1978年考古发掘报告）》，中国大百科全书出版社，1999年，第153页，图九十三）

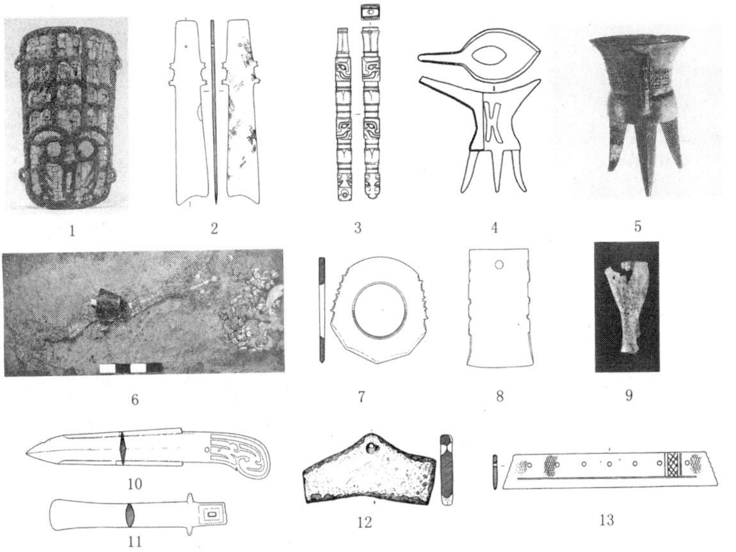

图一八　二里头遗址出土遗物

1. 绿松石铜牌饰（1987 Ⅳ M57 ：4） 2. 玉璋（1976 Ⅲ KM6 ：8） 3. 玉柄形器（1975 Ⅴ KM4 ：1） 4. 铜爵（1976 Ⅲ KM6 ：1） 5. 铜斝（Ⅴ采: M ：66） 6. 绿松石龙形器（2005 Ⅴ M3 ：5） 7. 玉璧戚（1975 Ⅵ KM3 ：13） 8. 玉钺（1975 Ⅶ KM7 ：2） 9. 卜骨（2002 Ⅴ H156 ：10） 10. 铜戈（1975 Ⅵ KM3 ：2） 11. 铜钺（1975 Ⅵ KM3 ：1） 12. 石磬（1975 Ⅵ KM3 ：21） 13. 玉七孔刀（1975 Ⅶ KM7 ：3）

（1 采自杜金鹏：《1987 年偃师二里头遗址墓葬发掘简报》，《考古》1992 年第 4 期；6、9 采自中国社会科学院考古研究所：《二里头（1999 ~ 2006）》，文物出版社，2014 年；2、3、4、5、7、8、10、11、12、13 采自中国社会科学院考古研究所:《偃师二里头（1959 年 ~ 1978 年考古发掘报告）》，中国大百科全书出版社，1999 年）

二里头遗址是迄今可以确认的最早的具有明确规划且与后世中国古代都城的营建规制一脉相承的都邑，开创了中国古代都城规划制度的先河。这应当与当时社会的发展、王权的出现和强化密切相关，是中华文明进入新阶段——王国文明阶段的标志。

“中华文明探源工程”最重要的一个成果，就是论证了在距今 5000 年前后，有一个古国文明阶段，与二里头文化存在区别，是文明初期阶段。夏后期进入了一个新阶段——王国文明阶段。确切进入王国文明阶段的标志有以下几个方面：（1）都城——二里头大型遗址；（2）高级贵族居住区——宫城；（3）官营手工业作坊；（4）成熟的礼制（宫室制度、器用制度）；（5）墓葬与建筑所体现出的等级、阶级分化明确；（6）以铜器冶铸为代表的社会生产力的发展；（7）文化对外的强大辐射。

二里头文化时期出现了中国最早的青铜礼器群及成套礼仪所用的玉石器具（图一八），礼制初步形成，开始进入王国文明阶段，中原地区的核心地位逐渐显现。二里头文化后期、商代初年，夏王朝礼乐制度的代表——牙璋向八方辐射，表明华夏族创造的一系列的先进理念及制度被周围地区吸纳，这对促进周围地区社会的发展及中华文明多元一体格局的形成发挥了核心作用。

二、夏文化研究相关问题的探讨

通过对中原地区文明化进程进行梳理，我们确认了以二里头遗址为代表的夏文化的核心地位。夏文化是夏代以夏族为主体的人类共同体所创造的物质文化、精神文化的总和。在考古学文化中的表现最主要的是陶器的形制和组合，还包括建筑形制、青铜冶铸技术、青铜器的组合形制、礼器制度等方方面面。

（一）二里头遗址究竟是夏代都邑还是商代都邑？

重要的论据首先是其年代，二里头遗址中二里头文化遗存测年的下限是公元前 1550 年左右。有学者认为二里头文化四期已经到了公元前 1550 年左右，四期晚段时宫殿仍旧在使用，仍有人居住，甚至他们还修葺了新的宫殿，最后的修建使用的阶段已经进入商代，二里头遗址就是商代的都邑。“夏商周断代工程”测定的公元前 1600 年只是一个相对的数据，不是公元前 1600 年这一年确实发生夏、商文化的分界。碳十四测年的结果只是一个时间段、一个范围，以公元前 1600 年作为二里头遗址是商代都邑的主要论据之一是值得商榷的。其次把二里头遗址遭到破坏、人群的消失作为夏、商分界，显然绝对化了。商王朝建立后，夏王朝的都城应该没有被废弃，高等级的人群应该还保持着一定的生活权利，守护夏人宗庙。因为在二里头遗址附近 6 公里的地方发现了真正的商城——偃师商城，其文化面貌是典型的商文化。偃师商城是夏王朝灭亡后，为了监视、控制夏人而建立的军事性的城邑。偃师商城在洛阳盆地二里头都邑周围出现，代表着王朝的更迭。王朝的更迭，文化会有滞后性，这种滞后性很难体现在考古学文化中的具体的某一时刻，但偃师商城在距二里头遗址 6 公里的地方出现，这始终是不可忽视的。

陶器能反映生活习惯、生活习俗，夏族使用的陶器或者说以夏族为主体使用的陶器是有共同特点的，商人使用的陶器也是有共同特点的。当年有些先生在当时的条件下把夏、商文化分期简单归纳为使用鬲为炊器和不使用鬲为炊器，把二里头遗址三、四期开始使用陶鬲作为夏、商分界的标准，这在一定意义上太过绝对化了，忽视了文化之间的交流。在夏王朝时期，商可能是大联盟的一分子，但是仍以夏都为主体，商人活动的区域与夏人活动的区域同属于夏王朝，是其中的一部分，它们之间是可以有交流的。

二里头遗址宫殿的方向是北偏西，偃师商城宫殿的方向是北偏东，这两个前后衔接的王朝，宫殿的方向完全不同。宫殿的方向在当时是非常重要的，这是一个非常值得重视的指标。总的来说，二里头遗址是夏代都邑。

（二）如何判断夏文化？

怎么判断夏文化？首先是时间范围，时间范围不是指公元前 1600 年或公元前 1550 年等具体数字，是总体的时间范围，大概在公元前 2000 年到公元前 1550 年。其次是空间，在伊洛河流域或者是以河南中西部为主要活动区域。在这一区间内分布的当然主要是二里头文化。二里头文化重要的是它的上限，现在根据测年及遗物特点来看不早于公元前 1800 年，夏文化历时 400 年左右，包括了二里头遗址之前的公元前 2000 年到公元前 1800 年。河南范围内发现的新砦遗址是百万平方米的大型遗址，目前在公元前 2000 年到公元前 1800 年这个时间范围内规模最大，它有可能是夏代前期的都城。公元前 2000 年左右，符合时间、空间的目前来看是王城岗遗址。

因为没有发现文字，所以从考古学上来看，判断研究夏文化只能从时间、空间和文化内涵来推测。考古学家的强项就是通过发掘、分析一批材料，研究其反映的文化面貌，跟科学的测年相结合，来判定大致的时代，再通过考古调查来研究它的分布空间。

（三）如何研究夏文化？

没有发现文字，就不能对夏文化下定论，但是不是没有发现文字，我们就不能讨论夏文化、夏王朝呢？这完全是另外一个问题。《史记》记载的商代文献已经被考古证实，而《史记》中也比较完备地记载了夏王朝。《史记》及古代文献记载中的夏文化是值得去探讨、探寻的。不能因为所谓的严谨、所谓的科学来否认考古学家目前所掌握的文献线索和近 60 年寻找研究夏王朝和夏文化的考古工作。考古学家的本领是研究人类遗留的物质文化，比如陶器、陶器组合、陶器制作工艺、陶器纹饰等。陶器是区别各个不同人文集团的重要符号和标识。陶器是能够在没有文献记载的前提下，研究考古学文化的序列、谱系、与其他文化的关系、族系、前身及不同人群集团关系的。

考古学家要用考古资料来说话，不管是承认还是否认，都要从分析考古资料入手展开研究。漠视实际的存在，认为没有文字就不能谈夏文化，便忽视了中国考古学几十年的积淀，忽视了几代人通过二里头、新砦、王城岗，尤其是偃师商城遗址的发现对夏文化一系列研究的深入与取得的进步，更重要的是忽视了考古学文化的研究、陶器的研究、谱系的研究，甚至是城址分布方向的差异。

新时期的今天，作为考古专业人员，对陶器要有足够的信任、足够的认识。去研究某一区域某个文化的某一方面，必须对它的陶器、陶器的组合、陶器的分期及该区域的文化谱系有一个比较充分的了解。当然，研究陶器、研究考古学文化的谱系，并不是我们的终极目的。我们是要在研究陶器的基础上研究它的社会、环境、工艺技术及原料的来源等。

总之，我们应从考古资料入手，依靠考古资料进行缜密的研究，不能没有经过对考古资料的缜密研究就盲目地“信史”，不能借标榜“科学精神”的旗帜而恣意地怀疑。站在中国的土地上，有足够的资料去研究，希望刚刚踏入考古之门的青年学子能有一个正确的路线，重视田野考古，重视对田野考古资料的分析，重视对考古学文化谱系的了解和掌握。

第二讲

河南夏文化考古的新发现与新探索

主讲人：刘海旺　河南省文物考古研究院研究员、院长

讲座时间：2021 年 7 月 20 日

讲座地点：第四届河南大学夏文化暑期研讨班

整理人：魏宇博　河南大学历史文化学院 2018 级本科生

夏文化和夏王朝是中华文明从多元走向一体进程中的关键节点，只有在大的历史视角、宏观的视野下探讨和研究夏文化，才能在文明演进的过程中追根溯源、客观认识、全面阐释。本讲的重点在夏王朝建立、夏文化探索历程和河南夏文化考古新发现这三部分。

一、史前文化孕育的灿烂文明奠定王朝基础

中原地区是古代华夏空间的地理中心。中原有狭义和广义之分，我们从考古学角度和大中原角度来研究，能够把中

原文明解释得更加确切充分。中国历史上第一个王朝——夏王朝诞生在中原的核心之地——河南，具有不容忽视的历史原因和地理环境条件。

首先是河南的区位优势。在我国古代先民的观念中，河南尤其是洛阳处于天下之中，在古文献和青铜器铭文中均有相应的记载。《尚书·召诰》称“王来绍上帝，自服于土中”，《逸周书·作雒解》有“（周公）及将致政，乃作大邑成周于土中”的记载，《汉书·地理志下》云“昔周公营洛邑，以为在于土中，诸侯蕃屏四方”，均是强调伊洛一带为“天下之中”。西周早期铜器何尊的铭文记载：“惟王初迁，宅于成周。……武王既克大邑商，则廷告于天曰：余其宅兹中或（国），自之乂民。”铭文明确记述了周武王攻占商代都城“大邑商”取代商王朝统治后，意欲在天下四方的中心地区——伊、洛之间新建都城作为军事和政治重地，镇抚原商王朝广大区域的商部族及东夷和淮夷等。成王时期实现武王遗志，营建成周洛邑。这些文献记载都表明至迟在西周早期，在当时人们的心目中，河南处于天地之中，具有优越的地理位置和自然环境。这十分有利于中原文明同周边其他文明的交流，容易吸收先进的因素，再加上自身的不断进步，便实现生生不息的发展。

其次是河南以平原为主的多样的地理环境。河南地处中国第二级阶梯向第三级阶梯过渡阶段，境内有嵩山、伏牛山、桐柏山等山脉，河流有黄河、淮河、汉水支流等。这些山脉和河流将省内划分为多个不同的地理单元，有华北冲积平原、洛阳盆地、南阳盆地等多种地貌。多样的地理环境造就了不同的自然环境，为人类的生存和发展提供了衣、食、住、行等各种便利条件。气候对文化的形成有着十分重要的影响。

关于河南古代气候条件，从大的时间段来看，新石器时代中原地区气候较现在更为温暖，雨量也较为充沛，竺可桢先生在《中国近五千年来气候变迁的初步研究》中有科学说明。

最后是河南新石器时代文化积淀发展的优势。河南地区的新石器时代文化脉络从谱系上讲是比较完整的。自新石器时代早期李家沟文化至新石器时代末期河南龙山文化，河南史前文化发展序列清晰，同周边文化一直深入交流和融合，兼容并蓄，文化持续繁荣，为夏王朝的成立奠定了坚实的物质和文化基础。

新密李家沟遗址是河南新石器时代早期的重要发现。2009 年对该遗址的考古发掘发现了距今 10500—8600 年连续的史前文化堆积。堆积下部出土了细石核与细石叶等典型的细石器文化遗存，上部则出土了含绳纹及刻划纹等装饰的粗夹砂陶及石磨盘等。李家沟遗址的发现，从地层堆积、工具组合、栖居形态到生计方式等多角度提供了河南旧、新石器时代过渡进程的重要信息，较清楚地揭示了该地点史前居民从流动性较强的旧石器时代，逐渐过渡到具有相对稳定的栖居形态、以植物性食物与狩猎并重的新石器时代的演进过程，展示了本地区这一阶段历史发展特征，填补了旧石器时代晚期文化和新石器时代裴李岗文化之间的缺环与空白。从发现情况来说，旧、新石器之交时期目前仍然是河南考古较为缺乏的时段。

新石器时代中期的裴李岗文化距今 9000—7000 年，以新郑裴李岗遗址、唐户遗址，舞阳贾湖遗址，长葛石固遗址等为代表，特别是贾湖遗址遗存最为丰富多彩，典型遗物有双耳壶、三足钵和石磨盘等。贾湖遗址于 1962 年被发现，出土的骨笛是中国最早的乐器，在中国音乐史上有重要地位；出土的甲骨契刻符号，是中国最早的与汉字起源有关的实物资料；大量的绿松石加工饰件、象牙制品、占卜用的龟甲、陶窑的出现、造型线条流畅优美的陶器，以及精工制作的各类工具等，都集中证实了贾湖遗址所达到的相当高的文化程度，有学者研究认为其已经跨入了初期文明的门槛。

新石器时代晚期的仰韶文化距今7000—5000年，分布地域广泛，涵盖了河南、陕西、山西、内蒙古、甘肃等多个省、自治区。河南以仰韶村遗址、庙底沟遗址、西坡遗址、大河村遗址、西山遗址、双槐树遗址和西水坡遗址为代表，典型遗物为彩陶器。彩绘花纹纹饰种类极为丰富的彩陶为仰韶文化的元素和符号，被认为形成了中国古代“第一次文化艺术浪潮”，影响范围非常广，老一辈考古学家如石兴邦先生等认为其是“文化上最早的中国”。

河南三门峡是仰韶文化中期的核心地带，目前已发现的该时期较大型遗址多集中在灵宝境内。1999—2006年，考古人员对面积达40万平方米的灵宝西坡遗址进行了6次主动科学发掘和系统钻探，发掘面积累计5000余平方米，历年发掘均有重要发现。这些发现极大地深化了学术界对仰韶文化中期社会复杂状况的认识。大型中心性聚落、布局有序的特大公共性建筑、精细构筑的居住房屋、缺少奢侈品的大墓、审美和信仰兼具的彩陶等，构成了该时期复杂社会的显著特点。这些不同于周边同时代的山东大汶口文化、辽西红山文化、长江下游凌家滩文化和长江中游大溪文化等其他史前文化的特征，对中原地区的文明化进程、对夏王朝最终在河南的建立产生了重要影响。

郑州大河村遗址面积为40多万平方米，是一处包含仰韶文化、龙山文化和夏、商时期文化的大型古代聚落遗址。其中尤以仰韶文化中晚期遗存堆积较为丰富，出土遗物较多。大河村遗址以红烧土连间排房和彩陶双连壶、白衣彩陶钵，以及月亮纹、太阳纹、花卉纹、弧形三角纹、平行线纹等各种纹饰的彩陶器最具代表性。

郑州西山遗址距今5300—4800年，其中城址平面大致呈圆形，面积约3.5万平方米，采用版筑法筑成，是迄今为止中原地区年代最早、建筑技术最为先进的史前城址。西山遗址反映了仰韶文化时期已经开始从环壕聚落到构筑坚固城垣聚落的社会变迁，其城址的形制结构、建筑方法引领了此后龙山时代众多城址的建设方向，对于探讨中国早期城市的起源意义重大。西山遗址应是中原地区早期文明产生的重要标志之一。

巩义双槐树遗址东西长1500米左右，南北宽780米左右，现存面积达117万平方米，发现有仰韶文化中晚期的三重环壕、4处共1700余座经过严格规划的公共墓地、大型院落夯土基址、大型中心居址、具有最早“瓮城”结构的围墙、版筑的大型夯土地基、夯土祭坛等，另有数量众多的房址、灰坑、人祭坑及兽骨坑等遗迹；出土了丰富的仰韶文化时期彩陶等文化遗物，特别重要的是出土了与丝绸起源有重要关联的最早的家蚕牙雕艺术品等。

濮阳西水坡遗址位于中原文化区与海岱文化区交会地带，遗址最重要、最有意义的发现是在仰韶文化第四层下清理出在一个平面上南北向一字排开的三组用蚌壳摆砌的龙、虎等动物图案（距今6500年左右），这在仰韶文化考古史上是首次发现。其中第一组龙、虎图案摆于第45号墓主人左右两侧。三组蚌塑图案造型独特、规模宏大、内涵丰富，具有多方面的重要研究价值。

新石器时代末期的龙山文化距今5000—4000年，河南龙山文化可分为早晚两段，早段以庙底沟二期文化为代表，晚段以王湾三期文化为代表。这一阶段又被称为铜石并用时代，是青铜时代的前身，也为探索夏文化提供了重要线索。

龙山文化晚期发现有铜器、文字和大型礼仪建筑等文明化物质表象。大多数研究者认为，龙山时代晚期已经是初级文明社会了，即所谓的“酋邦”社会或者“古国时代”。龙山文化晚期河南境内各区域之间的文化与社会发展具有不平衡和不同步的特点，山东龙山文化、石家河文化等周边文化的不断涌入，引起了整个中原地区社会的变革，社会发展中心也在区域之间转换。诸多文明要素在中原地区的汇聚、融合与发展，逐渐形成了以中原为核心的文明模式，最终促成了以二里头文化为显著标志的早期王朝国家的形成。该阶段河南出现了大量的城址，如登封王城岗、新密古城寨、郾城郝家台、淮阳平粮台、辉县孟庄、博爱西金城、温县徐堡、平顶山蒲城店、禹州瓦店等重要城址。

淮阳平粮台城址（图一）是河南发现的第二座早期城址。该城址平面呈正方形，在南城墙和北城墙的中部发现有城门缺口和路土，南城门东西两侧有门卫房，门道路土下铺设有陶水管道，北高南低以便向城外排水。类似的排水管道还有多处，组成了一定规模的排水系统。平粮台城址规划整齐，建筑技术先进，防御设施严密，有先进的排水设施等，这些在同时期已发现的城址中遥遥领先。城址中还发现较高级别的房屋建筑、手工业设施及宗教活动遗迹等，已经具备早期城市的基本要素。平粮台这类城址是当时中原地区社会经济、政治、文化等所达到的超前水平的标志，是中国历史上第一个王朝——夏王朝产生的前导和基础。

图一　淮阳平粮台城址

（河南省文物考古研究院供图）

新密古城寨城址（图二）是中原地区规模较大、全国范围内城墙保存最好的龙山文化晚期城址，发现有河南龙山文化时期面积最大、结构最复杂的宫殿式建筑。方正规矩的平面布局、至今仍然巍然屹立的城墙和宽深的护城壕等，表明该城邑的建造事先经过统一规划和精心设计，是夏商周三代筑城技术的重要肇始之地，不仅反映出当时城建规划、夯筑技术和土木建筑技术的进步，也体现了使用者所具有的至高地位和尊严。

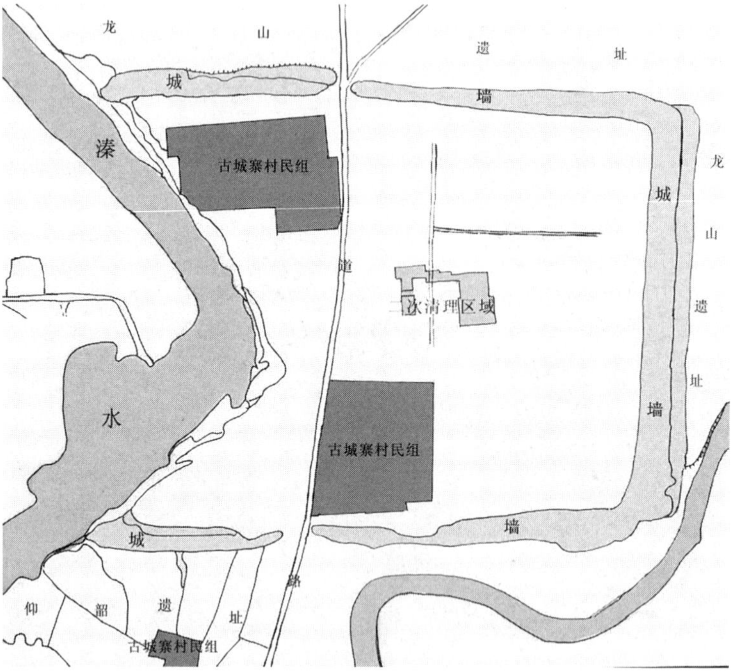

图二　新密古城寨城址

（河南省文物考古研究院供图）

登封王城岗遗址（图三）于 1976—1981 年被连续发掘，发掘面积 8575 平方米。该遗址中龙山文化可分为五期，遗迹中有东西并列的两座小城，其中西城面积约 1 万平方米，城内发现有奠基坑、几块夯土残基址和铜器残片。发掘者安金槐先生根据战国阳城出土的陶文，并结合文献阳城的地望，认为王城岗遗址龙山文化小城有可能是夏代的“禹都阳城”。2002 年和 2004 年，考古人员又对该遗址进行发掘，新发现一座面积 34.8 万平方米的龙山文化大城，位于小城的外围，大城内发现祭祀坑和若干夯土基址。

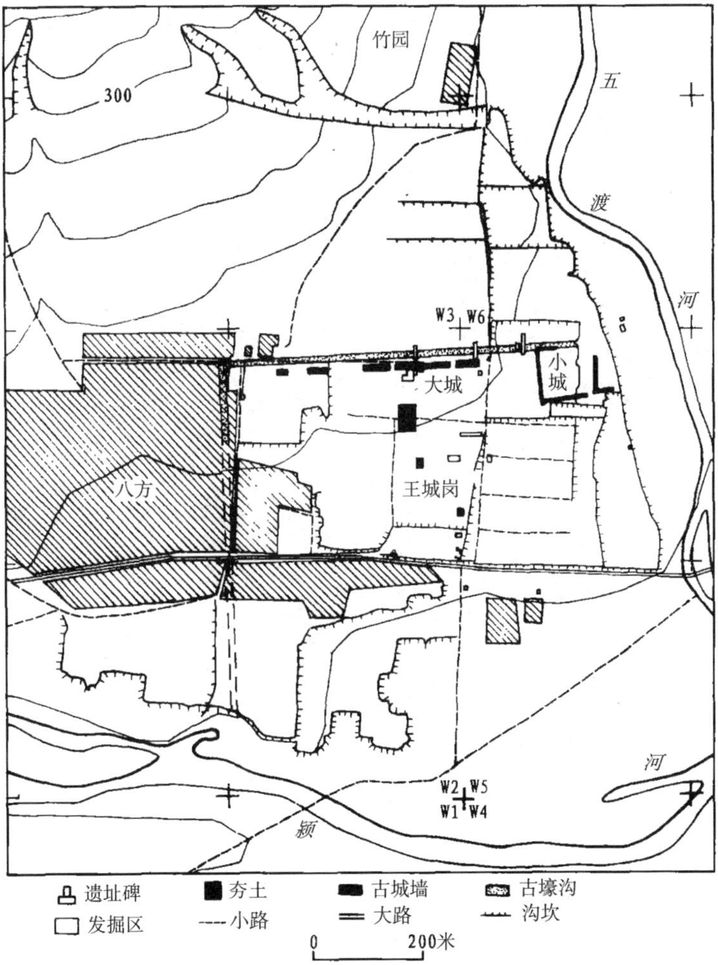

图三　登封王城岗遗址

（河南省文物考古研究院供图）

濮阳戚城遗址（图四）地表可见东周及东周后仍有沿用的城址一座，城墙东、西、南、北中间各有一缺口，为城门遗迹。地表南城墙已毁坏无存，1981 年经钻探得知，地下城墙仍保存较好，后依据勘探情况，考古人员对南城墙进行了堆土复原。城址平面呈圆角方形，四垣周长 1520 米。戚城晚期城址之下叠压有一座龙山文化城址。龙山文化城址与晚期城址大体重合，面积近 17 万平方米（含城墙）。

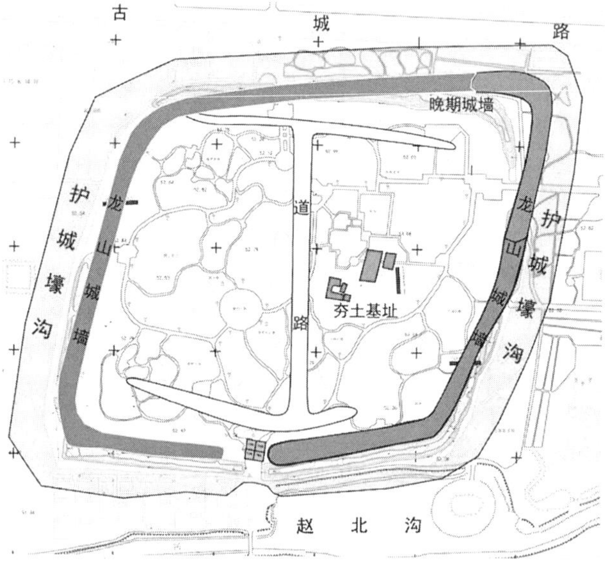

图四 濮阳戚城遗址

（河南省文物考古研究院供图）

平顶山蒲城店遗址（图五）包含有龙山文化和二里头文化时期两座城址。龙山文化城址为东西向，由城墙和护城壕组成，现存东、南、西三面城墙，北城墙被湛河故道冲毁。城址面积约 4.1 万平方米，城内面积为 2.65 万平方米。

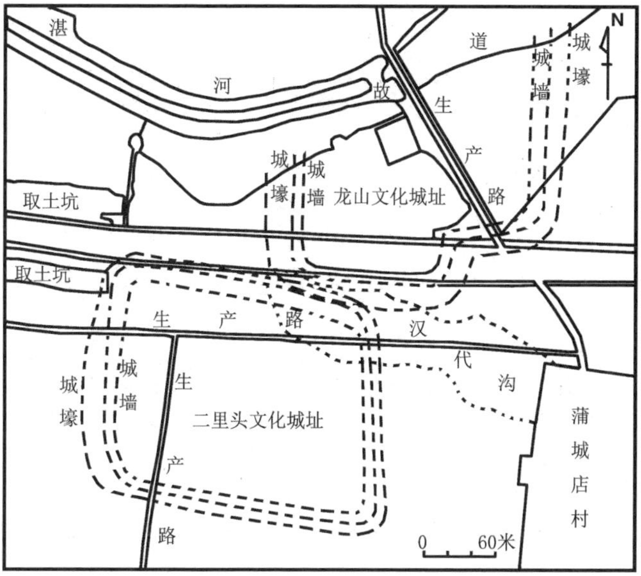

图五　平顶山蒲城店遗址

（河南省文物考古研究院供图）

河南新石器时代文化的持续发展和繁荣，为夏王朝的成立奠定了坚实的基础，体现在以下几个方面：

一是经济基础。新石器时代随着社会的进步、生产技术的发展，人们由狩猎经济向农业经济发展，经过仰韶文化时期大发展，各方面知识的积累、生产工具的改进、耕作技术的进步等，至龙山文化晚期，社会经济较前有了明显进步，农业资源和动物资源更加丰富。

二是文化基础。河南新石器时代文化在发展过程中不断与周边文化进行交流和融合，客观上和主观上逐渐具有了兼容性，也保持了其先进性，逐渐形成了包容兼蓄、执中守成、求实创新、重农尊礼等中原文化的取向和范式。

三是社会基础。仰韶文化前期可能属于母系社会，后期转变为父系社会，继而开始产生贫富分化，形成不同的阶层。以城址大量出现为标志，龙山文化晚期进入古国阶段，各政治实体开始较大范围的整合，形成若干大的政治实体，最终以中原地区为核心的国家文明脱颖而出，为夏王国的诞生奠定了基础。

四是礼仪制度。新石器时代随着社会的进步和阶层分化，礼仪制度逐渐形成，龙山文化晚期大型礼仪建筑开始出现。文献记载启有钧台之享、黄台之丘。此外，玉礼器的形成等都对夏王朝礼仪制度的形成产生了重要影响。

五是筑城技术。中原地区城市起源较早，筑城技术较为进步。仰韶文化晚期出现的西山古城，采用版筑法筑城。龙山文化晚期中原地区城邑大量出现，大多采用版筑法，技术更加进步。文献记载夏代存在较多的都城，新石器时代筑城技术的形成与发展为夏王朝城市建设和大型夯土建筑的修建奠定了技术基础。

六是铸铜技术。新石器时代末期，铜器普遍出现。陶寺遗址出土较多的铜器，王城岗遗址也发现有铜器残片。较多铜器的出土表明，龙山文化晚期的古代先民已经初步掌握了先进的冶铜和铜器铸造技术，这就为夏代青铜文明的产生奠定了技术基础。

二、夏文化探索历程

中国历史上，商代之前有个夏代，在许多先秦文献中都有明确记载。《尚书》中《甘誓》和《汤誓》分别记载了夏启伐有扈氏和商汤伐夏桀的誓词，是夏人和商人世代相传的祖训。

西周早期的文献，《召诰》《多士》《多方》《立政》中屡屡提到周公、召公从治国安邦的角度强调以“有夏”“有殷”灭亡的历史为鉴。

春秋时期的青铜器铭文亦有夏王朝的相关记载。遂公盨铭文记载“天命禹敷土，随山浚川，乃差地设征”，秦公簋铭文记载“鼏宅禹迹”，叔夷钟铭文记载“处禹之堵”，芈加编钟铭文记载“帅禹之绪”等。

出土简牍文献也有关于夏王朝的记载。清华简、上博简及其他出土竹简对夏王朝事迹的记载较多。2010年出版的《清华大学藏战国竹简（壹）》一书中《尹至》《尹诰》两篇讲述了夏末商初之事。2002年出版的《上海博物馆藏战国楚竹书（二）》一书中《容成氏》第五部分讲夏禹，文中谈及禹分九州，其州名与《尚书·禹贡》等书所见有异。

诸多先秦文献表明，夏王朝是真实存在的。距今4000年左右，中国历史上第一个王朝——夏王朝建立了，立国近500年（文献记载有禹、启、太康、仲康、相、少康、予、槐、芒、泄、不降、扃、廑、孔甲、皋、发、桀共十七王）。

夏王朝的存在是毋庸置疑的，但是由于年代久远，关于夏王朝的事迹大多存在于各类文献之中。近代以来，随着疑古思潮的兴起，许多人开始对中国古代西周共和元年以前的历史抱有怀疑态度。

殷墟甲骨文的发现，经过王国维的考证，证实了《史记·殷本纪》中关于商王世系的记载是基本可靠的，同时认为“由殷周世系之确实，因之推想夏后氏世系之确实，此又当然之事也”。

伴随着中国考古学的诞生，尤其是王国维对商王世系的考证，中国古史学家、考古学家开始采用二重证据法寻找夏王朝，开启了中国考古学者对夏文化的漫长探索历程。

1931 年徐中舒在《再论小屯与仰韶》一文中引《左传·僖公三十二年》所载“殽有二陵焉，其南陵，夏后皋之墓也”，认为夏后皋（夏晚期第十五王）的居地必在殽的邻近。据杜预注，殽在渑池县西，而仰韶文化正是发现于渑池县的仰韶村，所以徐先生断言“仰韶必为夏代遗址无疑”。此说得到了丁山（《由三代都邑论其民族文化》，1935 年）和翦伯赞（《诸夏的分布与鼎鬲文化》，1947 年）的支持。

20 世纪 40 年代，范文澜明确指出龙山文化就是夏文化。他认为龙山文化不仅在分布地域上，而且在以黑陶为主的文化面貌方面，都和文献记载的夏人活动地域及风俗习惯相符合。

由于当时考古发掘的局限性和年代序列尚未建立，以及研究方法尚在初级阶段，这些 20 世纪 40 年代以前的研究结论与此后考古学的认知相距甚远，但这是从考古学视角探索夏文化迈出的第一步，具有启示意义。

中华人民共和国成立后，针对夏文化的考古调查和发掘仍在继续。1959 年徐旭生的“夏墟”调查，揭开了新时期考古学探寻夏文化的序幕。（图六）他依靠传世文献记载对“夏民族或部落所活动的区域”作了分析，得出的结论是有两个区域应该特别注意：“第一是河南中部的洛阳平原及其附近，尤其是颍水谷的上游登封、禹县地带；第二是山西西南部汾水下游（大约自霍山以南）一带。”本次调查发现了二里头遗址。此后为了深入探讨夏文化的形成、发展及与早商文化的关系，对二里头遗址、洛达庙遗址、煤山遗址、登封王城岗遗址及豫东地区的考古调查和发掘工作相继开展。

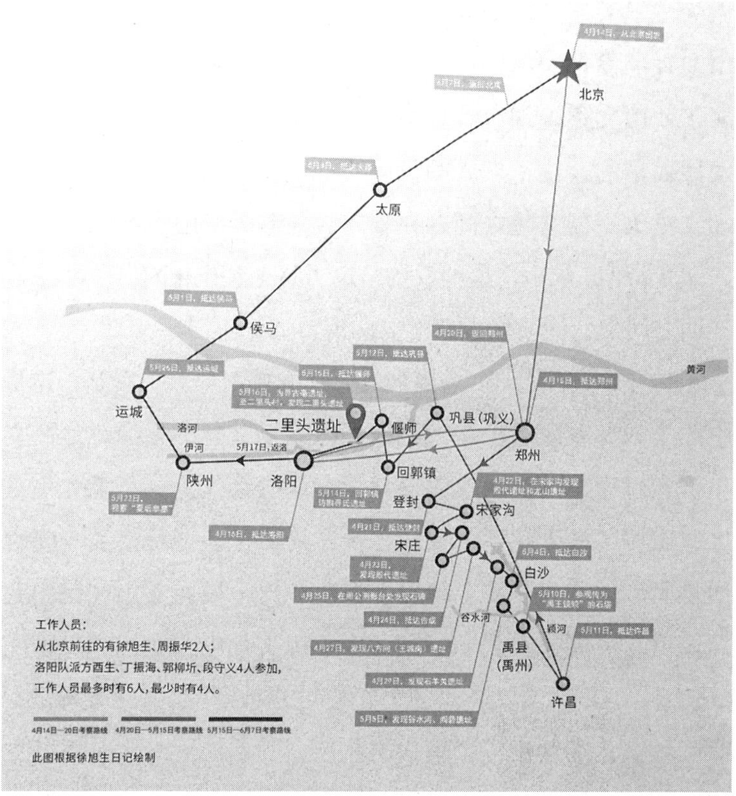

图六　徐旭生“夏墟”调查路线图

（二里头夏都遗址博物馆供图）

洛达庙遗址所体现的文化早于郑州二里冈下层的商文化，发掘者最初将其定位为“商代洛达庙期文化”，它的相对年代可能属于商代早期。洛达庙遗址的发掘和认识直接促成了安金槐先生等对郑州地区商文化序列的重新认识，由此提出了郑州商城为中丁隞都的观点。登封王城岗遗址的发掘，发现了王城岗小城，推测可能是文献记载中的禹都阳城。1959年，中国科学院考古研究所（今中国社会科学院考古研究所）开始发掘二里头遗址，揭开了夏文化探索的新篇章。发掘者认为二里头三、四期为汤都西亳，一、二期为夏代晚期。煤山遗址的发掘表明，煤山一、二期处于河南龙山文化时代，属于龙山文化晚期，二里头文化是直接从煤山一、二期文化发展而来的，这三期之间没有质的变化。相反，二里头三期和二里头一期文化之间存在着较大的差异，前者与商代二里冈文化相似。煤山遗址的发掘坚定了赵芝荃先生对二里头二、三期之间文化性质发生巨变的认识。

1977 年 11 月，“登封告成遗址发掘现场会”召开，这是中国学术界首次在考古发掘现场探索夏文化的盛会，是夏文化探索过程中的一次关键会议。在这次会议上，夏鼐先生首次提出对“夏文化”简要的界说：夏文化应该是指夏王朝时期夏民族的文化。安金槐先生提出登封王城岗龙山文化中晚期城垣有可能是夏代阳城，河南龙山文化中、晚期和二里头文化一、二期为夏文化。赵芝荃先生支持二里头文化分属夏、商两种文化的观点，二里头文化二、三期的巨变应是王朝更替的结果。邹衡先生提出二里头文化一至四期都是夏文化、郑州商城为亳都的观点。这次会议的召开掀起了夏文化探索的高潮，开启了郑亳说和西亳说的长期论战。

此后，为加强夏文化的研究工作，一系列有关夏商研究的会议陆续召开，如：1982 年，香港中文大学召开了“夏文化研讨会”，这是首次在中国内地以外举行夏文化研讨会；1983 年，中国考古学会第四次年会在郑州举行，会议的主题是“商文化的研究和夏文化的探索”，论文收入《中国考古学会第四次年会论文集》一书；1990 年，美国加州大学洛杉矶分校举办“夏文化国际研讨会”；1991 年，“夏商文化国际研讨会”在河南洛阳举行，国内外 150 多位学者参加了会议，会后出版了《夏商文明研究》一书；1994年，在洛阳召开了“全国夏文化学术研讨会”，80多位学者参加了会议，提交论文60余篇，出版了《夏文化研究论集》一书。

1996年，“夏商周断代工程”正式启动，目的是通过多学科综合研究，促进夏商周年代学问题的解决。断代工程是由历史学、考古学、天文学和测年技术等学科的专家联合实施的系统工程，研究途径主要有两条：一是对传世文献和甲骨文、金文等古文字材料进行搜集、整理、鉴定和研究，对有关的天文历法记录通过现代天文计算推定其年代，文献记载中关于夏的部分应该作为信史；二是对有典型意义的遗址、墓葬资料进行整理和分期研究，并进行必要的发掘，取得系列样品，进行常规和AMS（加速器质谱计）的碳十四年代测定。（图七）通过对二里头文化、新砦期遗存和河南龙山文化晚期碳十四测年数据的分析，并根据天文学的研究成果和《古本竹书纪年》的记载，夏代始年被推定在公元前2070年左右，夏代积年为471年，涵盖了河南龙山文化晚期、新砦期和二里头文化一至四期。“夏商周断代工程”之后，随着考古新发现、新技术的运用，学界关于夏文化的观点基本趋于一致，夏文化探索进入平静期。

图七 《夏商周断代工程1996—2000年阶段成果报告（简本）》

本阶段的夏文化探索取得了一些成果：一是经过长时间的探索、争论，大家关于夏王朝的存在及何种文化为夏文化、夏文化的分期、夏商分界等观点趋于一致；二是基本搞清楚了二里头文化及相关龙山文化时期遗存的类型、分布和时代问题，在文献记载夏人活动的主要区域河南中西部和山西南部建立了龙山文化、二里头文化和早商文化的编年序列；三是发现了龙山文化和二里头文化时期的城址和大型聚落，并对王城岗遗址、瓦店遗址、新砦遗址和二里头遗址进行了考古发掘，二里头遗址为夏代都城的说法基本得到学界认可。

三、河南夏文化考古新发现

2020 年，“考古中国 · 夏文化研究”项目拉开了序幕，再次掀起了学界关于夏文化探索的热潮。

根据文献记载可以知道，夏王朝主要活动在豫西晋南地区。河南作为夏王朝主要的活动区域，留下了较多的踪迹。“考古中国 · 夏文化研究”项目立项后，河南省文物考古研究院重启王城岗遗址、瓦店遗址、稍柴遗址、古城寨遗址等重点遗址的考古发掘工作。而且，近年来随着考古工作的深入发展，河南考古工作者立足课题意识，除了主动开展夏文化重要遗址的发掘、研究工作，在配合基本建设过程中十分注重夏文化相关遗址的发掘工作，相继发现了淮阳时庄遗址、叶县余庄遗址和孟州禹寺遗址等。已经持续发掘 60 年的二里头遗址近年也取得了重大收获。

（一）登封王城岗遗址

重新启动王城岗遗址的考古工作后，考古工作者在原来发现的基础上首先在大城范围内进行了全面的考古勘探，同时，按计划进行有重点的小面积考古发掘，确认在东部小城外存在较为丰富的龙山文化堆积，大城内有二里头文化和二里冈文化的连续堆积。王城岗遗址还需要进一步深化认识和研究。

（二）禹州瓦店遗址

2020年，考古工作者首先对瓦店遗址以前发现而没有清理完整的大型祭祀遗存进行了发掘，发现有较多的瓮棺、墓葬、螺壳堆积等；通过勘探还发现了多条沟状堆积，它们将遗址分割成不同的区域，推测这或许与种植水稻有关；另外还发现了城墙遗存迹象，这就为进一步认识遗址的布局提供了新的重要考古线索。（图八）

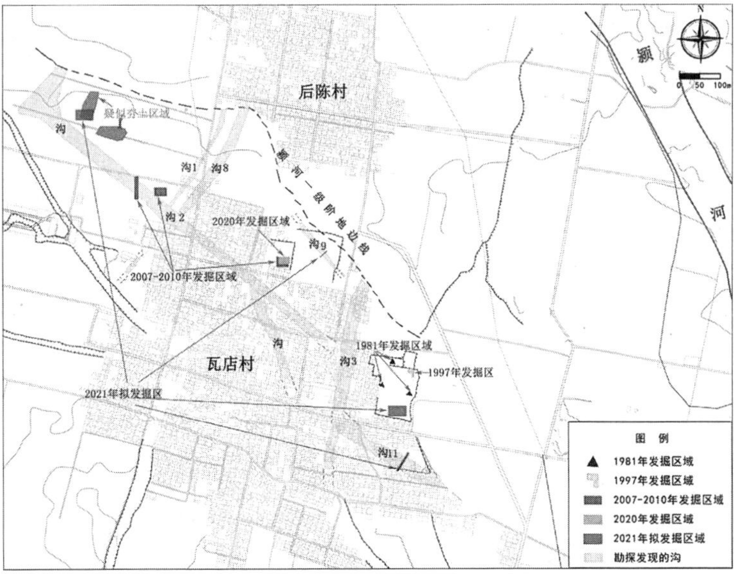

图八　禹州瓦店遗址

（河南省文物考古研究院供图）

（三）叶县余庄遗址

该遗址系配合基本建设抢救性考古发掘过程中的新发现，面积近 200 万平方米，发现 10 余座龙山文化高等级墓葬，其中 M10 随葬陶器 33 件，包括鼎、簋、豆、觚、杯等，还发现有铜器残片，礼制色彩浓厚，是目前在河南境内发现的随葬器物最为丰富、规模最大、等级最高的龙山文化墓葬。余庄遗址为研究中原地区龙山文化时期的社会分层提供了基础材料，后续仍有大量的工作要做。（图九）

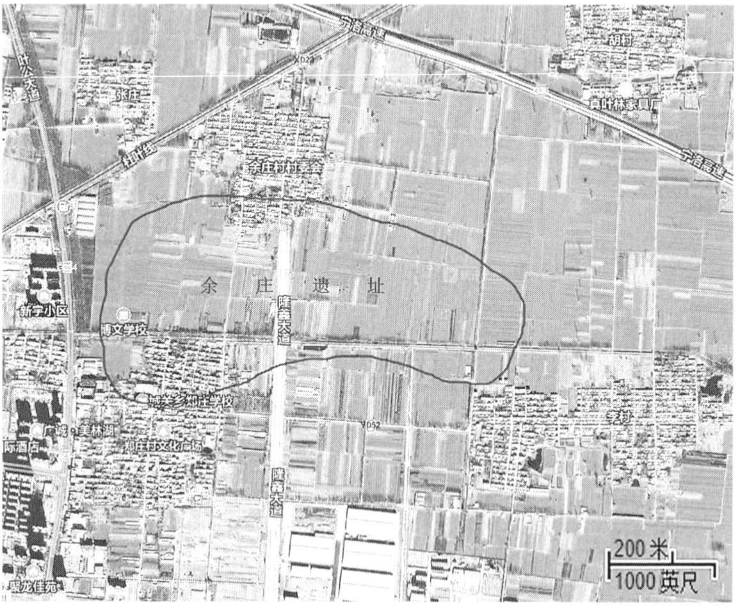

图九　叶县余庄遗址

（河南省文物考古研究院供图）

（四）孟州禹寺遗址

该遗址位于焦作市孟州市谷旦镇禹寺村西北部。遗址延续时间较长，历经龙山文化、二里头文化、西周、东周和汉、唐、明不同历史时期。在配合基本建设抢救性考古发掘过程中，考古人员于该遗址内新发现了龙山文化至二里头文化时期并列的两座城址。这一新发现为认识豫西晋南之间区域夏文化发展状况提供了新的重要考古资料。（图一〇）

图一〇　孟州禹寺遗址

（河南省文物考古研究院供图）

（五）淮阳时庄遗址

该遗址系配合基本建设抢救性考古发掘过程中的新发现。遗址坐落在人工垫筑的台地上，台地加上外围的宽浅围沟，面积合计 2.4 万平方米，其年代范围为公元前 2000 —前 1700 年，为夏代早期。在已发掘的近 3000 平方米的范围内，发现 29 座粮食仓储建筑遗存。仓储建筑外围分别被东西同时期的两座夯土围垣围合。发掘表明时庄遗址面积小，功能单一，这类遗址的发现为我们重新审视夏代的聚落形态和社会组织结构等提供了新的研究视角。（图一一）

图一一　淮阳时庄遗址

（河南省文物考古研究院供图）

（六）驻马店高明楼遗址

该遗址系配合基本建设抢救性考古发掘过程中的新发现，面积约 3.6 万平方米。主要的发现是清理出大量排列整齐、密集的柱洞，应为柱列式房屋、柱列式隔墙的遗存遗迹等，出土遗物有陶器、石器、骨器等，所见遗存年代主要为王湾三期。高明楼遗址的发掘对于研究驻马店练江河流域龙山文化时期小型聚落的房屋建筑形制、建造技术、排列分布及聚落布局、功能分区、聚落之间的分工与分化、社会组织结构等提供了新的重要资料；同时，对于探讨王湾三期文化对豫南地区的控制及该地区史前文化的发展与变迁等具有重要学术意义。

（七）二里头遗址

根据以前已有的“井”字形道路和网格式布局等线索，通过勘探和发掘，考古工作者新发现了宫城西南拐角、作坊围垣的西北拐角和宫西路以西墙体的东南拐角，同时新发现多条道路和墓葬。这些新发现的道路和墙垣把二里头都城分为多个方正、规整的网格区域，宫殿区居于核心位置。（图一二）历年在其中多个区域内发现有不同等级的建筑和墓葬，表明二里头都城极可能已出现了分区而居、区外设墙、居葬合一的布局。这些新发现为研究二里头都城整体布局结构、社会分层、规划思想、礼仪制度、统治制度等问题提供了新的重要资料。二里头遗址的这些重要新发现，对丰富夏文化的内涵、活化夏文化的场景都有重要意义，也给我们带来了新的启发。

图一二　二里头遗址

大致来说，这些夏文化考古新发现可以总结出夏文化探索在以下几方面的新进展：

一是为不同区域夏文化相关研究增添了新的考古资料。这些考古新发现以嵩山周围地区夏文化发现为主，地域涵盖了豫北、豫南和豫东地区。以余庄、王城岗和瓦店遗址为代表的豫中地区是早期夏文化分布的核心地区。该区域遗址面积较大，发现有大型墓葬、夯土基址，出土有高规格的陶器、玉器，且发现有铜器残片。豫北地区的禹寺城址虽然破坏较为严重，出土遗物较少，城址规模也不大，但深壕城址的新发现，为研究夏王朝在黄河以北区域的发展及其与先商文化的互动关系提供了新的重要资料。豫东地区的时庄遗址、豫南地区的高明楼遗址的发现为研究夏王朝东渐南扩提供了新的考古资料。

二是更加丰富了夏文化相关聚落考古发现的类型。时庄遗址是新发现的功能单一、性质明确的粮食仓储聚落。高明楼遗址清理出的柱洞遗迹所表现出来的房屋布局、建筑特征等，帮助我们推测出其也应该是具有单一功能的聚落，至于是否具有军事营地的性质，还有待于更多的考古发现与深入研究。结合山东前几年发现的大致同时代的西孟庄遗址，我们可以初步得出认识，这类功能比较单一的小型聚落是当时社会政治初步国家化的体现，可能数量不在少数，这就需要我们开展更多的考古工作，也凸显出考古调查在考古工作中的重要性。

三是更加丰富了对夏文化周边区域文化因素的认识。在中原文明化进程和夏文化的形成、发展过程中，周边文化都参与其中，甚至产生了较大影响。余庄遗址大型墓葬的随葬习俗明显具有山东大汶口文化的风格，瓦店遗址发现有较多的石家河文化因素，时庄遗址具有岳石文化因素。众多文化因素汇集中原地区，经过长期的交流和融合，被中原文化吸收和改造，形成先进的中原文化，促成中国第一个王朝在河南诞生。

四是对二里头遗址都城性质的认识更加明确。方正、严整、有序的布局，突显宫殿区的核心地位，反映出其时社会阶层等级划分严格、有序，是进入王朝国家的重要标志。

五是深化了对龙山文化中晚期社会等级分化的认识。余庄遗址发现了10余座随葬有超前丰富的排列有序、器类成组、具礼器性质的陶质明器的大中型墓葬，其中的一座随葬陶器达到了30余件。这为研究夏王朝诞生前夕及早期社会分层、等级制度、礼仪制度等提供了新的资料。

四、夏文化研究新成果

夏文化漫长的探索历程，是学者们对夏文化不断认识和研究的过程。近年来，学界对夏文化相关社科基金项目课题的申报持续不断，据不完全统计，申报的国家社科类项目达30余项，其中有重大项目、重点项目、一般项目、青年项目、西部项目和后期资助项目等。“考古中国·夏文化研究”项目自2020年立项以来，关于夏文化的研究成果更多了。据初步统计，2020年以来，专家学者在期刊、报纸等各类平台发表夏文化研究文章100余篇，包含调查和发掘简报、综合研究成果、学位论文等。调查和发掘简报涉及二里头遗址宫殿区5号基址及新密前士郭、黄寨，淅川下王岗，郑州东赵，荥阳东柏朵，济源新峡，山西绛县西吴壁等遗址，特别是对新密黄寨遗址出土的属于二里头文化二期的疑似刻画有“夏”字的卜骨进行了补充报告。综合研究成果以二里头文化相关研究成果为主，涉及与夏文化相关的考古学、历史学、科技分析等众多领域。学位论文涉及二里头文化墓葬、骨镞、青铜容器铸造技术及东渐过程，二里头遗址碳十四年代学，煤山文化、中原龙山文化墓葬和新砦遗址出土动物遗存等研究。这些研究进一步延伸或深化了对夏文化的认识。

五、结语

夏文化探索和研究虽然经过几代考古人近百年的不懈努力取得了极大的进展，但仍有大量的未知需要探索。早在2400年前，孔子曾叹言：“夏礼，吾能言之，杞不足征也；殷礼，吾能言之，宋不足征也。文献不足故也，足则吾能征之矣。”（《论语·八佾》）习近平总书记更是明确指出：“夏代史研究还存在大量空白，因缺乏足够的文字记载，通过考古发现来证实为信史就显得特别重要。”受历史发展阶段、条件和考古工作进展等各方面的局限，成果和认识必然是阶段性的，不可能寄希望毕其功于一役。这就需要我们在既往研究成果的基础上，不断地反思、沉淀、探求，在新的考古发现中去不断地实现突破，进而在夏文化探索联合攻关研究中形成具有中国特色的阐释文明起源与初步发展规律和模式的考古学理论。

经上级批准，2020年9月，河南省夏文化研究中心成立，挂靠于河南省文物考古研究院，主要负责夏文化遗址的考古调查、发掘、研究，承担夏文化研究重大课题，传播夏文化研究成果，促进国际交流等工作。中心成立以来得到了各级领导的大力支持，中心一直秉持宗旨，致力于推动夏文化研究与传播，发扬光大黄河文化，积极开展夏文化基础研究工作。中心将招贤纳智，积极引进人才，为夏文化研究储备人力资源，并继续开展“考古中国·夏文化研究”项目相关遗址的发掘工作，力图发现更多夏王朝的实物证据，展现王朝气象，同时也要做好夏文化考古学探索文献目录的收集和出版、筹备早期夏文化专题展、举办夏文化研究相关会议等工作，继续推动夏文化研究进一步结出丰硕的果实。

第三讲

夏文化探索的理论与方法

主讲人：张立东　河南大学历史文化学院教授

讲座时间：2021 年 7 月 19 日

讲座地点：第四届河南大学夏文化暑期研讨班

整理人：赵芯碧　河南大学历史文化学院 2020 级考古学硕士研究生

夏文化探索的理论与方法即夏文化探索的哲学，因此我们需要从哲学角度对“理论”与“方法”这两个概念进行阐述。在理论方面，我们需要对考古学文化、夏文化、考古学文化与人类共同体、考古学文化变迁与王朝更替等内容进行介绍，梳理夏文化研究历程中与“夏史文献”相关的探讨，提出通过对合文献与考古来完成夏文化的推定，可以从时空、都城、内涵和发展阶段四个方面进行；在方法方面，夏文化的研究应当结合传统考古学方法、科技考古学方法，并从思想、文化、原始宗教等角度全方位地进行研究。

一、什么是夏文化

哲学是世界观与方法论的统一，而某个学科的“理论”与“方法”分别相当于哲学的世界观与方法论。世界观是人们对世界（宇宙）总的根本的观点，主要说明世界“是什么”的问题；方法论是指导人们认识世界、改造世界的最一般、最根本的思维方式和思维理念，主要说明“怎么办”的问题。夏文化探索的理论主要讨论什么是夏文化，以及考古学文化与人类共同体的关系。夏文化探索的方法主要讨论如何探索夏文化、通过什么途径来推定夏文化，是比较宏观的、综合的方法，而非具体的方法，例如地层学、类型学、文化因素分析、数据统计、文献考据、地望考证、科技检验等。

考古学文化是考古学研究中的专门术语，用以表示考古遗址（尤其是原始社会遗址）中所观察到的共同体，也就是考古发现中可供人们观察到的属于同一时代、分布于共同地区、具有共同特征的一群遗存。考古学文化从空间上来讲就是画圈圈，从时间上来讲就是分段段。王巍先生认为考古学文化不仅包括物质文化，还包括精神文化和制度文化。

关于“如何确定某两个文化是一个文化的两个类型，还是两个独立的文化”这一问题，孙庆伟先生曾经指出：“考古学迄今为止没有一个统一的标准，每个研究者都是按照自己的理解进行分析研究，并得出结论。”根据我研究二里头至二里冈时期考古学文化的体会，我提出几个操作性稍强的标准（对其他时代可以参考、类推，但不可照搬）。如果是一个考古学文化的两个类型，应符合以下几个条件：

1. 二者最主要的炊器（一般而言都是一个文化实体数量最多的器类）应该是相同的。

2. 二者最主要的炊器应属同一个“型”。

3. 二者最主要的炊器的“型”应同步或大约同步演变。

自 20 世纪 80 年代以来，考古界对考古学文化的认识上升了一个台阶，不再仅仅针对一个考古学文化，而是针对一个大区域（比如中国）内的时间结构。比较熟知的有三种研究：

1. 苏秉琦：区系类型

2. 张光直：中国相互作用圈与文明的形成

3. 李伯谦：中国青铜文化的发展阶段与分区系统

此外，我们在研究一个考古学文化时，应认真探讨其与上、下、前、后、左、右考古学文化之间的关系。

夏文化是夏王朝时期以夏族为主导的人群创造和使用的考古学文化。夏族是民族（nation）的概念，而民族的概念是与国家相关联的。夏族应该是围绕、依托夏王朝这个政治实体结合在一起的族群，可能包括了不同血缘乃至不同种族的人群。

“夏文化”“夏史”“夏文明”是三个相互联系又区别明显的概念：夏文化是考古学概念，主要指一批遗迹、遗物的总和；夏史是历史学概念，主要指夏朝的兴衰、政治结构等；夏文明是人类学概念，当然现在也是一个跨学科的概念，代表夏代各种精神、物质文化的总和。（图一）

“夏文化”是一个考古学名词，但又不是一个纯考古学名词，其中包含了历史学的意味。“文化”是实体，“夏”是标签，“夏文化”就是贴到一个或几个考古学文化上的标签。虽然夏文化是指一群物质遗存，但是其中蕴含人类的政治共

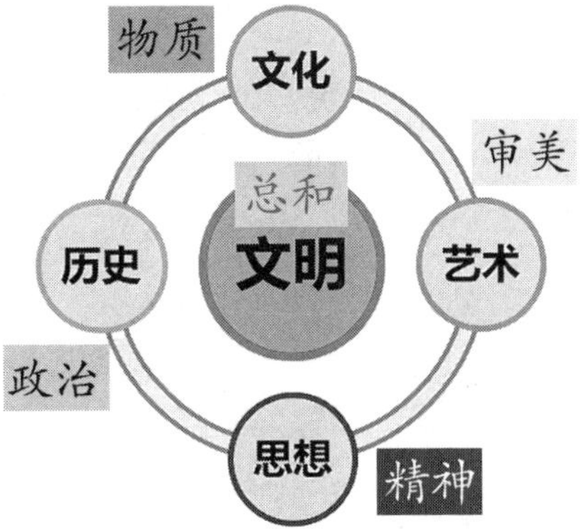

图一　夏文明的主要内容

同体——夏王朝。夏文化的概念是由考古学文化遗存来重建夏代历史的中间环节。夏文化不一定等同于某一支考古学文化，可以不是一个考古学文化的全部，也可以包含几支考古学文化的全部或部分。从学理上讲，夏王朝的疆域与夏文化的分布是大致重合的。

二、考古学文化与人类共同体

民族考古学家 D. 克拉克举出的非洲邦兹（Bantu）族的研究有助于我们理解考古学文化与人们共同体之间的关系。代表“邦兹语言群”“邦兹技术复合体”“邦兹文化群”“邦兹亚人种”“邦兹民族·政治群”的五个圈圈之间具有少许的差异，没有任何两个圈圈是完全重合的，但每两个圈圈之间都有重合的部分，其中“邦兹文化群”与“邦兹民族·政治群”两个圈圈重合度最高，而且五个圈圈全部重合的部分（图中遍布黑点部分）恰好位于中心部位。（图二）通过这个例子，我们可以确信夏文化的分布区即便不能与夏王朝的疆域完全重合，但其大致范围应当是重合的。此外，从人类学中自然距离与社会距离的概念也可知，通过某种政治关系把各个地区划在一起之后，各地文化就会很自然地慢慢地融合在一起。

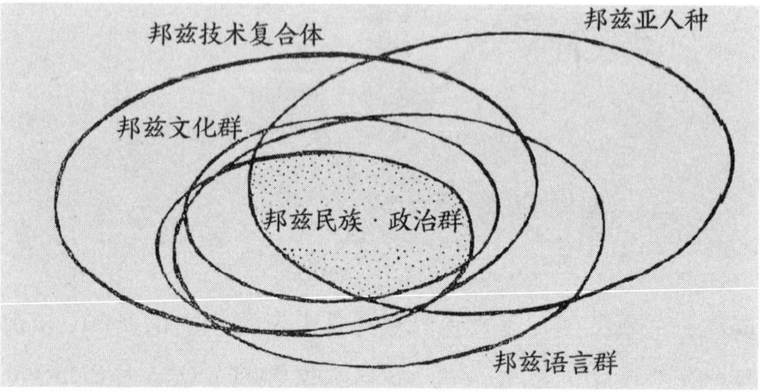

图二　非洲邦兹族的五个圈圈

可以肯定的是，王朝更替会造成考古学文化的重大变化。以夏、商更替为例，在夏代晚期，夏人与商人分布于不同的地区，当时的商人分布于现在的豫北冀南地区，即下七垣文化（漳河型）的分布范围。商人从这个地方迁徙到夏人的统治区，将带来大批物质文化遗存在空间上的流动。也就是说，夏王朝时期，郑州地区为二里头文化的分布区，随着商人的入侵，带来了大批商文化因素的物质遗存。因此，商灭夏这一事件在物质遗存上能够被清楚地反映出来。同时，王朝更替还会带来文化的滞后。

三、如何对待夏史文献

对于传统史学中的夏王朝，学术界一直存在“可信”“不可信”两种基本认识。从学理上讲，“可信”与“不可信”都只是一种认识，没有高低贵贱之分，两种认识都具有一定的理由。

从上古至清代，主流史学对夏王朝的态度是“信”。战国时期已有人对古史提出疑问，最突出的是屈原的《天问》。宋代开始有人怀疑经典。清代崔述的《考信录》对上古史提出了一些怀疑。到了近代，顾颉刚提出“层累地造成的中国古史”说，对三皇五帝等古史系统进行了全面系统的质疑；对夏代的怀疑最彻底的是杨宽、陈梦家等。今天虽然大多数学者相信夏史的真实性，但也有一些人怀疑、否定夏代的存在。不过，现在几乎没有人盲目全信文献所记的古史，大多数都是信其主干，而疑其细节；也很少有人盲目全疑，一般而言只是疑其大部，而信其史影。人们大都半信半疑，只是信、疑的程度各不相同。

若只停留在以文献为主的历史研究阶段，我们很难在信、疑之间进行选择。幸运的是我们有了考古学，可以对一些历史记载进行验证。考古学文化的年代、地域可以用来验证夏代的年代和疆域，大型的考古遗址可以用来验证夏代的都城，聚落形态、城市规划、礼器制度、兵器体系等可以用来验证夏代的国家化、文明化程度。考古对于上古史的重建是有大功的，是可以信赖的，但也不是万能的，不是所有的文献记载、所有的历史事实都可以用考古来证明。

古代文献中关于夏代历史的记载虽然若干细节值得怀疑，但大体是可信的，理由有二：第一，中国文明的史学传统值得特别注意，中国人虽有演义历史的传统，但很少有完全编造（或架空）历史的案例，因此夏代是周人凭空而造的说法令人难以接受。第二，考古学研究已经证明在商代之前有一个以中原为核心的考古学文化系统，其年代、分布、文明化程度等都与夏代若合符节。将其释读为夏文化，远比置“夏”不论，而仅按“无名氏”进行纯考古学文化研究更合理。

由两种基本态度衍生出两种基本前提：认为夏代可信者以“有夏”为基本前提，试图从考古学遗存中辨识出夏文化；而认为夏代不可信者则以“无夏”为基本前提，坚持相关的历史记载是值得怀疑的，断定“夏”是周人编造出来的，认为在没有发现令其信服的证据之前，不宜进行有关夏文化的讨论。陈淳先生认为：“这项研究（“夏商周断代工程”）不应该预设夏的存在，而应该证明它存在。夏的记载最早出现在周代，而时间上离夏最近的商代甲骨中却未见有关夏的片言只语，因此，夏有后人杜撰的嫌疑。由于目前还没有发现任何夏代的文字，因此这个问题不能预设任何带有倾向性的前提，必须从考古学上来进行独立的探究。但是目前考古学者并没有充分消化考古材料，利用所含的信息潜力来破解这个问题，而仅仅局限于比较出土文物的异同来界定夏文化的内涵，并坚信不疑地用考古资料来印证文献。”刘莉老师曾经总结学术界关于夏文化探讨的三种观点：一是认为二里头文化的某些阶段代表夏的物质遗存。二是夏王朝的存在是值得怀疑的，无法证明二里头代表夏，夏王朝是周王朝的人为了论证自己的合法性而创造出的一个前王朝，考古工作中至今尚未出土当时的文字直接证明夏的存在。三是认为早期的口传历史中有关夏人的记忆可能保存于后世，记录在文献中，并保留至公元前一千纪中期或晚期。传说和考古资料不能在研究中直接对照，应该在对这两类资料分别进行研究之后，再放到一起进行比较分析。

在夏文化研究中，还有一种前提介于以上两种基本前提之间，不以“有夏”或“无夏”为前提，主张等待“铁证”，即自报家门的夏史铁证出现。

关于如何论证夏史文献是否可信，我们可以借用刑事诉讼中的定罪原则来分析两种不同的论证方法，将“有夏”“无夏”为基本前提的论证转译为夏史文献的定罪过程。认为夏史可信、以“有夏”为前提的论证可以转译为对传世文献的“无罪推定”，认为夏史不可信、以“无夏”为前提的论证可以转译为对传世文献的“有罪推定”。“无罪推定”“有罪推定”只是不同的推定方法，二者各有优缺点，很难说孰优孰劣。相比较而言，坚持“无罪推定”原则的“夏史文献可信”“有夏”之论，显然比坚持“有罪推定”原则的“夏史文献不可信”“无夏”之论更合理，也更符合现在中国刑事诉讼法的思维、准则。

默证法（argument from silence）是指论点的主张者没有论证该论点，从而推论该论点为假的逻辑谬误。这一方法应用到夏文化的研究上即是说持“夏代可信”论点者，若未对此论点进行相关论述，则其论点并不可信。论点的主张者没有论证其论点的原因可能有很多，因此没有论证其论点这个行为，并不能成为该论点为假的理由。

顾颉刚先生在古史研究中普遍采用“默证”之法，并在此基础上提出“层累地造成的中国古史”说，他认为从盘古开天地至三皇五帝的古史系统，是到汉代才层累地伪造出来的。“层累地造成的中国古史”说的三个要点为：第一，时代愈后，传说中的古史期愈长；第二，时代愈后，传说中的中心人物愈放大；第三，我们即使不能知道某一件事的真确的状况，至少可以知道某一件事在传说中的最早的状况。

1897 年，法国实证主义史学家朗格诺瓦和瑟诺博斯合著的《史学原论》一书出版。五四运动后，该书作为西方史学方法论的经典教科书在我国史学界流传甚广，并在中国史学专业化过程中发挥了重要作用。1925 年 4 月，张荫麟充分发挥朗格诺瓦和瑟诺博斯的“理想推度”观点，注意到顾颉刚在古史研究中所普遍采用的“默证”之法——凡欲证明某时代无某历史观念，贵能指出其时代中有与此历史观念相反之证据。若因某书或今存某时代之书无某史事之称述，遂断定某时代无此观念。张氏批判顾颉刚之论证法，“几尽用默证而什九皆违反其适用之限度”。其分列“夏禹史迹辨正”“尧舜史迹辨正”两节条分缕析以证顾氏之说不能成立的原因，“半由于误用默证，半由于凿空附会”。

张氏评论发表后，顾颉刚和古史辨派学者久未做出正面回应。在相当长的时期里误用默证之法，遂成为学术界对古史辨派发难的一条极重要的“证据”。如 20 世纪 40 年代试图为中国古史传说时代的研究创立一个新体系的徐旭生即曾指出“他们（疑古学派）工作的勤奋是很可敬的，成绩也是很大的，但是他们所用的治学方法却很有问题。主要的，去世的张荫麟先生已经指出，就是太无限度地使用默证”。20 世纪 90 年代以来，学术界对古史辨派的质疑与批判愈演愈烈，顾颉刚“误用”默证之法基本上成为学术界的“定论”。

近年来，陆续有学者开始对张荫麟“默证之适用限度”理论重新予以审视，并形成针锋相对的两种观点。20 世纪以来，顾颉刚运用默证方法建立的“层累地造成的中国古史”说的科学性已经日渐得到新的考古资料的印证，胡适、郭沫若、傅斯年、徐中舒等学者积极实践默证法，不断将诸多因文献和考古证据缺乏而悬而未决的重要学术问题的研究向前推进。尽管不少重大问题并未因默证方法的运用而彻底解决，但该方法的科学运用不断加速着传统历史考据学方法论的更新与传统历史考据学向文化阐释学的转型，大大拓展了中国上古史研究的新视野与新领域。

总的看来，默证法是可以用的，其已经为上古历史的研究做出巨大贡献，但不能滥用。没有摆出证据的说法可能是没有证据，也可能是有证据但没有摆出，不能一概而论。好在我们有了考古学，可以用来验证一部分历史记载的可靠性。例如通过对合文献与考古资料，我们可以推定郑州商城就是成汤的亳都。

四、如何研究夏文化

关于以往夏文化探索中使用的方法，孙庆伟先生曾提出："从方法层面而言，夏文化的考古学探索大体归结为两类：一类是'夏都法'，即都城；一类是'夏墟法'，即文化。""研究夏文化的方法，主要有都邑推定法和文化比较法两种。以文化比较法为基础，从时间、空间和文化面貌三方面综合分析，可知龙山时期'禹域'内第一核心区的王湾类型和煤山类型的晚期阶段系狭义的夏文化，而第二和第三核心区内的诸考古学遗存的晚期阶段则可归入广义夏文化范畴；二里头文化在主体上应属于夏文化。由此，河南龙山文化的煤山类型、王湾类型和二里头文化一至四期共同组成了完整的狭义夏文化。""夏墟法"的倡导者是徐旭生先生，研究方法的重点是“文化间的同异”，即把“夏墟”的考古学文化与“较远的地方”的考古学文化进行比较，根据它们之间的差异“比较出”夏文化。“夏墟法”的完成者则是北京大学的邹衡先生。以商文化的研究为基础，邹衡开始了夏文化探索之旅。他非常认同徐旭生的研究方法，并为此开展了三项研究：首先，他完成了《夏文化分布区域内有关夏人传说的地望考》一文，基本界定了“夏墟”的范围，认为夏人主要活动空间有三处——豫西、晋南和豫东；进而完成了《试论夏文化》一文，着重比较了“夏墟”范围内二里头文化与二里冈文化、殷墟商文化的异同；最后又撰写了《关于夏商时期北方地区诸邻境文化的初步探讨》一文，重点分析了“夏墟”以外诸考古学文化的特征。在此基础上，邹衡得出了二里头文化一至四期是夏文化的结论，从而第一次在考古学意义上完成了对夏文化的完整论述。

将夏文化的考古学探索归纳为都城、文化两个方面是可以的，但是所谓“夏墟法”的叫法不是很合适：第一，“夏墟”在山西，不在河南；第二，二里头遗址进入商代之后并未成为废墟，只是废都而已。

夏文化研究最根本的方法论就是对合考古、文献两种资料，而这种对合主要有四个方面：时空对证法、都城对证法、内涵对证法及文明对证法。

时空对证法。张光直先生认为二里头文化在时间和空间范围上能够与文献记载相对合。殷玮璋先生指出目前探索的夏代文化，它的范围比夏文化要窄一些，涉及的时空观念都比较具体，它是指夏禹至桀这一特定时期的包括文献所记的十四世十七王四百余年的文化遗存。就地域来说，主要是在传说夏王朝的活动范围之内。邹衡先生的研究中对于“时空”有具体的操作，“分期”即为“时间”，“类型”即为“空间”，要把年代分期和文化类型划分相结合。

都城对证法。邹衡先生指出“在讨论商文化时，首先要解决的是关于成汤居亳的地望问题。我们认为，只有确定了成汤建国的所在，才有可能进一步探索先商文化、早商文化，从而最后确定何者为夏文化，这是我们论证夏文化的基础”。在分析夏、商文化分界时，应该将桀都和汤都结合起来研究，并尽量将夏、商之际的历史过程与各个都址的文化内涵相互对合。具体说来，就是对二里头遗址、郑州商城和偃师商城进行综合分析，比较各个遗址的年代关系，确定各自的兴废时间，并努力分辨各种文化因素的传播过程等。在思考夏、商文化分界时，还应该参照其他的夏都、商都及其文化。只有将夏、商诸都之间的关系都解释通了，才能得出比较符合历史实际的结论。至于为什么特别注重都城，这是因为考古遗址大多数是没有历史身份的，只有都城或极少数其他城邑能在文献中找到原本的身份。只要把都城确定下来，就可以在考古与历史之间搭起一座互通的桥梁。（图三）

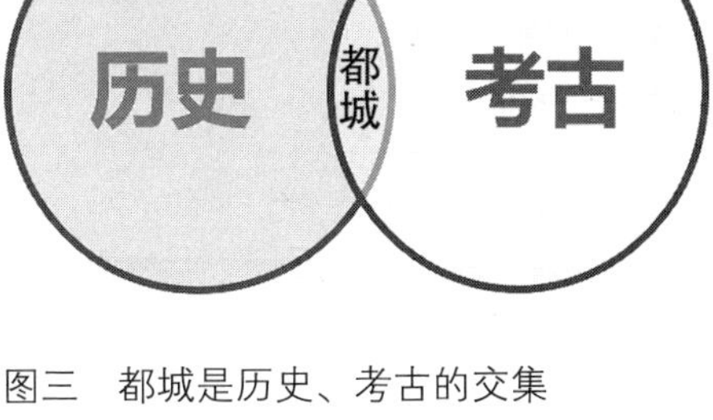

图三　都城是历史、考古的交集

内涵对证法。内涵对证法就是从考古学文化遗存中辨识出夏文化特有的事物。明确的“名片”式事物对于辨识夏文化至关重要。《礼记·明堂位》有记载：“灌尊，夏后氏以鸡夷，殷以斝，周以黄目。”邹衡先生认为二里头文化中的盉就是夏代的“鸡彝”。这种研究过去也有人用过。据说有虞氏、夏后氏都尚黑，因此范文澜先生认为，出土黑陶的龙山文化即为夏。王震中先生认为，夏禹为一条虫，二里头遗址出土的龙、蛇形纹饰的器物可作为夏文化的特有器物。

文明对证法。考古材料中的文明包括三个方面：城市、青铜器、文字。就二里头文化来讲，尽管现在并未发现城墙，但是按照现代城市的概念，二里头遗址应该是一个城市。二里头遗址发现的青铜器与商代的已经很接近了，只不过数量很有限。目前发现的、能够确定的属于夏代的青铜器只有爵这一种。在陶寺遗址、新砦遗址等也发现了零星的铜容器残片。综上所述，夏代已产生青铜容器这一观点无甚疑义。陶寺遗址发现颇似文字的符号，虽然仅有两个字符，不能作为夏代已有文字的铁证，但是让我们更进一步相信夏代是有文字的。

夏文化的研究应当结合考古、科技、思想等相关学科的研究全方位地进行，其中传统考古学方法包括地层学、类型学、聚落考古、语境分析等，科技考古学方法包括冶金、制陶、制玉、植物、动物、气象等，思想文化宗教方面即指精神领域的考古学方法。

第四讲

学术史视野下的夏文化探索

主讲人：刘中伟 河南大学历史文化学院副教授

讲座时间：2021 年 7 月 21 日

讲座地点：第四届河南大学夏文化暑期研讨班

整理人：赵鹏飞 河南大学历史文化学院 2020 级文物与博物馆专业硕士研究生

中国现代考古学始于 1921 年安特生在渑池仰韶村遗址的发掘。我们现在都知道仰韶文化是公元前 5000 —前 3000 年的新石器时代文化，但是在安特生的仰韶文化“六期”说中，他将仰韶文化的年代推定在公元前 3500 —前 1700 年之间。也就是说，他将仰韶文化的年代下限基本上定在了中国历史上的夏代末年。而且，在 20 世纪 20 年代，仰韶文化与商周文化的关系及仰韶文化本身的年代问题让当时的研究者们颇为困惑。在 1928 年殷墟发掘以前，人们偏重于关注仰韶文化与商周文化的相同面，即仰韶文化与殷墟文化是不是直接传承关系的问题。从这方面来说，中国考古学从一开始，就和夏文化研究有密切的关系。因此，可以说，中国夏文化探索和中国考古学发展同步，有一百年的历史。按照不同时期对夏文化认识主要观点变化和研究理论与方法的不同，我们可以把这一百年的夏文化探索历程分为四个阶段。

一、第一阶段（1921—1937）：夏文化探索初期“文化－历史主义”的价值选择

（一）传统史学华夏／汉族起源的大一统观念

我们都知道，北魏是兴起于大兴安岭的拓拔鲜卑建立的政权。对于其族源的历史，在北齐魏收撰《魏书》卷一《序纪第一》中有这么一段话：

昔黄帝有子二十五人，或内列诸华，或外分荒服，昌意少子，受封北土，国有大鲜卑山，因以为号。……黄帝以土德王，北俗谓土为托，谓后为跋，故以为氏。

从史料可以看到拓跋鲜卑在追溯自己的祖源和拓跋氏得名的时候，追溯到了传统的中国人文始祖黄帝。北齐时期的历史学家认为，北魏拓跋鲜卑是中国人文始祖黄帝的后裔，居于漠北，以狩猎为业，以“刻木纪契”记事，其拓跋姓氏的由来也传递出其为“黄帝土德之后”的族群起源的观念。

北魏拓跋鲜卑起源于大兴安岭一带，然后迁徙到内蒙古中南部的和林格尔盛乐，经过山西北部平城时代的发展，最后迁都到洛阳。其实北魏拓跋鲜卑的起源和上古时期的三皇五帝没有关系，那么为什么在官方史书里，对于民族起源这么重要的问题，会出现这样的记载呢？

如果我们进一步梳理文献，会发现自上古以来的中原地区各王朝，有很多都把自己的族源历史关联到三皇五帝。如：

《史记·五帝本纪》：

自黄帝至舜、禹，皆同姓而异其国号，以章明德。故黄帝为有熊，帝颛顼为高阳，帝喾为高辛，帝尧为陶唐，帝舜为有虞。帝禹为夏后而别氏，姓姒氏。契为商，姓子氏。弃为周，姓姬氏。

《史记·夏本纪》：

夏禹，名曰文命。禹之父曰鲧，鲧之父曰帝颛顼，颛顼之父曰昌意，昌意之父曰黄帝。禹者，黄帝之玄孙而帝颛顼之孙也。

《史记·殷本纪》：

殷契，母曰简狄，有娀氏之女，为帝喾次妃。三人行浴，见玄鸟堕其卵，简狄取吞之，因孕生契。契长而佐禹治水有功。……封于商，赐姓子氏。契兴于唐、虞、大禹之际，功业著于百姓，百姓以平。

《史记·周本纪》：

周后稷，名弃。其母有邰氏女，曰姜原。姜原为帝喾元妃。

《史记·秦本纪》：

秦之先，帝颛顼之苗裔。

唐房玄龄、褚遂良等撰《晋书·帝纪第一》：

宣皇帝讳懿，字仲达，河内温县孝敬里人，姓司马氏。其先出自帝高阳之子重黎，为夏官祝融。历唐、虞、夏、商，世序其职。及周，以夏官为司马。

从以上史书可以看出，最迟从西汉开始，人们就认为三皇五帝是包括夏商周在内的上古各朝代的人文始祖。魏晋北朝时期是中国历史上胡汉民族大融合的时代，但不管是中原士族，还是入主中原的北方草原民族，都以自己是华夏后裔为荣。我们可将这种历史上不同族群同一族源的观念，称为华夏 / 汉族的同族同源大一统观念。这种观念影响深远，直到 20 世纪 20 年代。

（二）“疑古思潮”和“仰韶文化西来说”对中国传统人文始祖观念的冲击

20 世纪 20 年代发生了对中国考古学或者说对中国夏文化探索影响非常重大的两件事：一是“疑古思潮”，一是“仰韶文化西来说”。

1. 疑古思潮

顾颉刚在整理古史时提出：“古史是层累地造成的，发生的次序和排列的系统恰是一个反背。”这一观点得到胡适的认同。这对当时中国人的古代历史观产生了极大的冲击（图一、二）。虽然后来顾颉刚论及夏代是真实的存在，并对夏

图一　顾颉刚

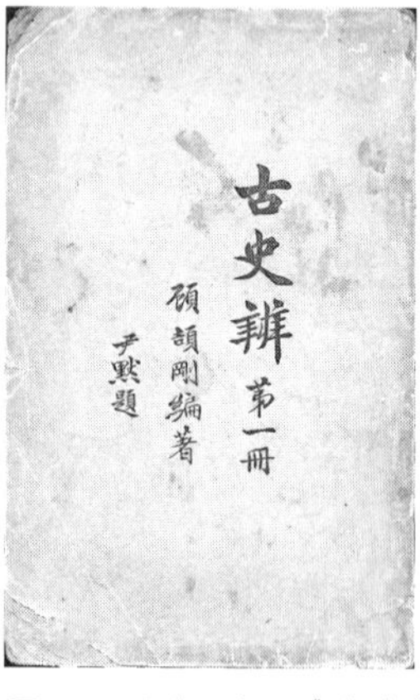

图二　顾颉刚：《古史辨》

代不同历史时期的疆域有过论述，但是人们似乎很少记住他的这些表达。例如，他在《中国疆域沿革史》中提到：

夏代历史虽亦仅凭后世之记载，然由种种方面证明，则知在殷商以前确有此一朝代也。……今日所见之《禹贡》为记禹时九州贡赋及治水刊山之书，虽非禹时实录，然亦足以代表战国时代人之古代地理观念。……禹之传说乃属一种神话性质，不足知夏代政治范围之所在。中夏以先，夏之政治中心似在今山东省，其势力及于河北、河南，晚夏则移居河东及伊、洛流域，然东方仍有其孑遗也。

从以上资料可以看出，虽然顾颉刚认为古史是层累地造成的，但他认为夏代是真实存在的，所以才会有对夏代历史阶段的划分、不同阶段政治中心的推定和疆域范围的界定。然而，顾颉刚的名言，至少让当时的一部分读书人对周代以前历史的可信性产生了怀疑，这种怀疑是深刻的，影响是巨大的。

2. 仰韶文化西来说

1921 年，安特生发掘仰韶遗址，发现大量彩陶并将其命名为仰韶文化。（图三）对于仰韶文化的性质，在完成甘青地区的仰韶文化调查与发掘后，他提出：仰韶文化是现代汉族的古文化；仰韶的彩陶文化是起源于近东，在新石器时代晚期经由新疆、甘肃导入河南，与原有文化发生了融合的结果。

安特生在提出“仰韶文化西来说”这个论断之前做了大量的调查研究，其中对仰韶文化或彩陶文化的年代推断，他认为年代上限是公元前 3500 年，下限是公元前 1700 年（图四）。

图三 安特生 1918 年在河南省进行地质田野工作的纪念照

齐家期	3500—3200B.C.
仰韶期	3200—2900B.C.
马厂期	2900—2600B.C.
辛店期	2600—2300B.C.
寺洼期	2300—2000B.C.
沙井期	2000—1700B.C.

图四 安特生对甘肃史前文化的分期

在当时，文献记载的商代历史始于公元前 1700 年前后，或者说夏代历史终于这个时间点，是人们已知的历史知识。安特生把彩陶文化（即仰韶文化）的年代下限定在公元前 1700 年，很明显是认为他自己的仰韶文化六期说中的“沙井期”已经进入到夏代的纪年范围之内。夏代是中国历史上的第一个王朝，因此仰韶文化或者至少仰韶文化的末尾部分与夏代历史有关。这样，结合他的“仰韶文化西来说”观点，他似乎表达出中国历史的起源、中国历史上的第一个王朝夏，是自西而来的外来文化发展的结果。

3. 夏文化探索初期的价值选择

以顾颉刚为首的“古史辨派”提出的“疑古运动”和安特生提出的“仰韶文化西来说”，在 20 世纪 20 年代对中国知识分子产生了强烈的思想冲击。陈星灿指出：“（丁文江）作为一个中国人，他又不得不相信禹夏等等尚未证实的古史。”顾颉刚对古史的“疑”和安特生的“仰韶文化西来说”是建立在大量的史料梳理和考古调查基础之上而得出的认识，大量中国知识分子对夏禹历史真实性和这些论断的质疑，只能停留在情感上的笃信或者不认可层面，而要想彻底推翻这些观点困难重重。

在疑古思潮和关于中国文明起源的“仰韶文化西来说”的冲击下，重建夏代“信史”就自然成了中国考古学诞生初期需要面对的任务。因此，中国考古学在诞生初期就肩负着研究夏文化和夏代历史的使命，并由此开始走上了文化－历史主义的道路。

王国维在《古史新证》里说：

吾辈生于今日，幸于纸上之材料外更得地下之新材料。由此种材料，我辈固得据以补正纸上之材料，亦得证明古书之某部分全为实录，即百家不雅驯之言亦不无表示一面之事实。此二重证据法惟在今日始得为之。虽古书之未得证明者不能加以否定，而其已得证明者不能不加以肯定可断言也。

王国维提到的“地下之新材料”指的是小屯出土的甲骨，提到的“二重证据法”指的是从古史记载和出土甲骨文研究这两个方面得到的商王发展的世系是一致的。这种历史文献研究和考古出土的甲骨实物资料（或为出土文献）相结合得到的互相印证而可靠的结果，对中国考古学的研究方法影响重大。可能不同时期不同人对“二重证据法”的理解有所不同，但中国考古学从一开始就与传统史学相结合，方法有效且成果显著，对后来的三代考古学研究有很大影响。

正是在这样的社会背景和学术背景下，李济于 1926 年 10 月开始了西阴村遗址的发掘。以彩陶、红陶为典型特征的西阴村陶器与仰韶村陶器有高度相似性，以至于李济认为其年代“最近于仰韶期（3200—2900B.C.）”，其文化性质“仰韶与小屯还是……表现出‘一脉相承的演进’关系”。这一认识直接导致了徐中舒于1931年提出“仰韶为虞夏民族的遗迹”的论断。这些正是中国考古学走上文化－历史主义的最早实践。

二、第二阶段（1938—1958）：徐旭生开创史学与考古学结合探索夏文化的道路

1938年，徐旭生因为战争的影响迁徙到西南地区，在黑龙潭阅读有关中国古代神话的书籍，从此走上了关于夏史和夏文化研究的道路（图五、六）。

图五　徐旭生

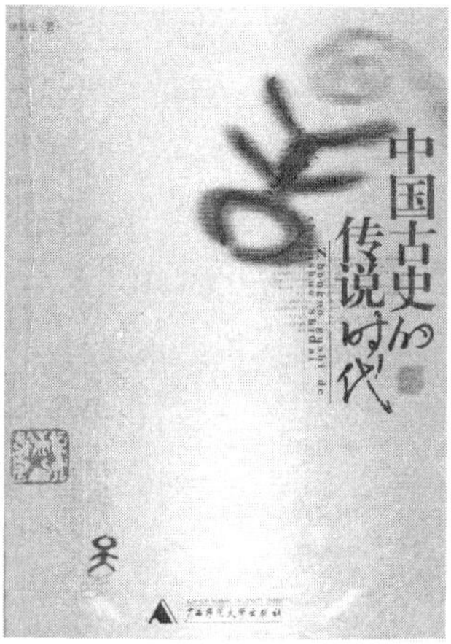

图六　徐旭生：《中国古史的传说时代》

（一）古史神话研究与夏史初探

徐旭生对古史神话研究的结果，为对中国史学、考古学和三代历史研究有重要影响的《中国古史的传说时代》一书。我们认为，徐旭生通过对上古神话的研究，表达出的两点内容意义重大，其一是他认为上古的传说史料是可信的而且有重要价值，其二是古史传说反映出秦汉时期中国人族群有三个族源。

他在《中国古史的传说时代》中说：

传说时代所流传下来的一部分古史资料，在经典的荫庇下，在前二千年的人的心目中，是比将来正史中所载史实更可靠的。

——“我们怎样来治传说时代的历史”

尧、舜、禹时代以前，黄河两岸，氏族林立，不相统属。

——“我国古代部族三集团考”

把我国较古的传说总括来看，华夏、夷、蛮三族实为秦汉间所称的中国人的三个主要来源。……并非完全出自华夏。

——“我国古代部族三集团考”

炎帝氏族的发祥地在今陕西境内渭水上游一带。……黄帝氏族的发祥地大约在今陕西的北部。

——“我国古代部族三集团考”

徐旭生之所以有这样的学术认识，是有其深刻的个人和社会学术渊源的。个人学术渊源应该是自幼受到中国传统古典文化教育而具备了深厚的史学功底，后来受到新式学堂教育并在留法时期受到了当时欧洲流行的文化历史考古学的熏陶；而社会学术渊源则应该是受到了王国维“二重证据法”的影响。

徐旭生的古史神话研究对中国史学、考古学的影响有两方面：一是如孙庆伟所言，徐旭生后来寻找“夏墟”的工作是他古史神话研究的后续。二是他先研读古史，再以古史提供的线索为依据去进行考古调查并发现了二里头遗址，这一考古学与文献学结合的工作方法对后来影响深远。

（二）夏文化探索的考古学实践

在方法上，徐旭生对夏族活动区域的认识是从对历史文献的梳理中得到的，他提出：

我们想找出夏氏族或部落所活动的区域，就需要从古代所遗留下来的传说中去找，这就是说在文献所保留的资料中去找。……从剩下来不多条的史料比较探索的结果，觉得有两个区域应该特别注意：第一是河南中部的洛阳平原及其附近，尤其是颍水谷的上游登封、禹县地带；第二是山西西南部汾水下游（大约自霍山以南）一带。

从以上可以看出，徐旭生通过对文献的梳理，得出夏文化分布的两个区域。结合目前考古学资料来看，他对夏文化核心区域的这种认识和我们现代的夏文化探索的考古遗存分布的区域几乎高度契合。

徐旭生推定夏文化的方法是什么呢？他提出：

如果看准当日的中国远非统一，那夏氏族或部落活动的范围就相当地有限制，我们就可以从它活动范围以内去研究夏文化有什么样的相同的或相类的特征，再到离它活动中心较远的地方看看这些地方的文化同前一种有什么样的差异。用文化间的同异来作比较，就渐渐地可以找出来夏氏族或部落的文化的特点。由于夏氏族或部落在夏代总是特别强盛，它的文化在当时所影响的地域总是比较广大，夏代亡后，这种文化就要逐渐衰歇以至于绝灭。那我们就可以从夏氏族或部落文化的特点间接地去找到夏代文化的特点了。

关于夏代和夏文化的认识，他又说：

我们通常所指的夏代是指的从夏禹兴起直到夏桀亡国，年代比较清楚的四五百年间；另外一方面，在考古学上所指的一种特殊的文化，它的变化却是比较缓慢的。

夏文化一词很可能指夏氏族或部落的文化。如果那样，它在地域方面所指的就比前一种涵义所指的范围小的多，时间却能比它长些，因为在夏禹以前，夏桀以后，只要有夏氏族的存在，所有文化仍应该叫它作夏文化。

从以上资料可以看出徐旭生推定夏文化的方法，是将时间、空间、历史上夏部族的文化特征结合起来，这正是文化－历史主义的方法。

徐旭生对夏文化探索的重要贡献主要有：第一，对“夏文化”时空观及其文化特点的认识、古代传说与文献资料的梳理，不但成为他豫西调查的宗旨与目标，而且被后来大量的考古发现证实，直接推动了夏商考古和夏文化研究工作。虽然徐旭生对二里头遗址的定性不甚准确，认为其“为商汤都城的可能性很不小”，但这更多的是受当时考古学资料和理论认识的局限性（如郑州商城年代认识、东干沟遗址的早商归属、偃师的地理方位等）影响的。第二，徐旭生的夏文化认定标准和研究方法，对于今天研究夏文化依然有重要的指导意义。

李旻在《信而有征：中国考古学思想史上的徐旭生》一文里将徐旭生的思想贡献总结有几个方面：第一，徐旭生的夏墟考察给中国考古学带来了新的问题与研究方向。第二，徐旭生为当时学者探索夏文化开启了道路。第三，徐旭生所谓信古，核心是相信文献前与文献外的古代社会是真实存在的。历史传统绵延不绝，古为今之基础。传世文献中留有上古的社会记忆，虽经流传部分失真，不是历史经过的自身，但若以科学的史料学分析和系统的考古学探索，便能揭示历史真相。第四，在中国考古学史上，徐旭生是一个里程碑式的学者，他以卓越的人文精神与赤子之心在传统与现代、中国与西方之间架起桥梁，并继续激发着当今的中国考古学思想。

三、第三阶段（1959—1995）：夏文化探索的考古学方法创新和考古学重建夏史的显著成就

1959 年到 1995 年的几十年里，中国考古学取得了巨大进步，其中二里头遗址成为夏文化探索的重点对象，但是对于二里头遗址年代及性质的认识，以 1977 年登封告成遗址发掘现场会为界点，可以分为前后两个阶段。第一阶段为 1959—1976 年，“二里头西亳说”是主要观点，其观点的形成，主要还是受到了徐旭生在 1959 年的调查简报里提到二里头遗址“为商汤都城的可能性很不小”的影响。在登封会议上，邹衡提出二里头文化一至四期全为夏文化说，由此引发了 1978—1995 年第二阶段旷日持久的夏商文化大讨论，主要观点可以概括为“二里头主体商都说”“二里头前夏后商说”“二里头全为夏都说”及“二里头主体夏都说”几种。

（一）寻找夏都：安金槐“禹都阳城”说的提出

图七　安金槐

完成了郑州商城的主要发掘任务和郑州商城的考古报告整理后，安金槐（图七）开始了寻找夏都的工作。对于王城岗遗址的性质，安金槐提出：“我们认为依据文献记载资料和考古发掘资料相结合的原则，有比较充分的证据和旁证，说明登封告成镇西约 1 公里的王城岗龙山文化中晚期城址，很有可能就是夏代阳城遗址。”

安金槐认为王城岗遗址为“禹都阳城”的根据有以下几个方面：

1. 历史文献、出土文献和当地传说：“禹都阳城”地望与告成吻合；东周阳城遗址出土“阳城”和“阳城仓器”的陶文；“王城岗”名称来历。

2. 文化阶段：王城岗一期至五期和二里头文化早期的文化遗存相衔接，早于二里冈期商文化，属于夏代文化的范畴。

3. 碳十四测年为距今 4000 ± 65 年，在夏代早期的纪年之内。

4. 陶器分期反映的陶器发展规律及年代跨度可与夏商纪年对应，王城岗遗址为夏代早期。

5. 青铜容器残片说明生产力的提高和农业的发展，社会性质应属于奴隶社会初期。

6. 夯土城墙和奠基坑的发现，是王城岗遗址进入阶级社会的标志。

安金槐在20世纪70年代提出，夏文化需要解决的问题是首和尾的问题。刘绪近来也提到这仍是夏文化迫切需要解决的问题之一。要解决这个问题，安金槐认为主要应当依据“各遗址（按：中原地区龙山文化晚期到早商时期的典型遗址）与各期出土的陶器资料，进行认真的排列研究，以求得各期陶器发展序列的共同认识。然后再结合各遗址已发现的各种遗迹和有关文献记载与历史传说相印证，去区分原始氏族社会与夏代的界限和夏代与商代的界限。最后再去讨论王都的问题”。从其论述里我们可以看到，将考古学资料与历史文献相互印证，是其得出“禹都阳城”说的主要方法，这种方法属于文化–历史主义的考古学研究方法。

（二）邹衡：夏商周考古学文化体系与范式的建构者

邹衡晚年对自己的学术成果做过总结，这对于我们了解其主要学术观点及其形成过程会有所帮助。（图八、九）我们将有关总结摘录如下：

70岁时，我曾做过初步总结，认为基本上完成了40多年前的设想，虽然不完全满意，但总算把夏商周三代考古的基本框架勾画出了一个轮廓。

夏文化，我是从已知的早商文化向前追溯，又从未知的新石器时代的仰韶文化、龙山文化往后压缩出来的。早商文化是完全可靠的，仰韶文化和龙山文化的年代也是完全可信的。早商文化与龙山文化之间的二里头文化自然地就落在夏纪年的范围之内了。据比较可靠的古代文献记载，夏人活动的中心地区是在豫西和晋西南一带，二里头文化的分布也主

图八　邹衡

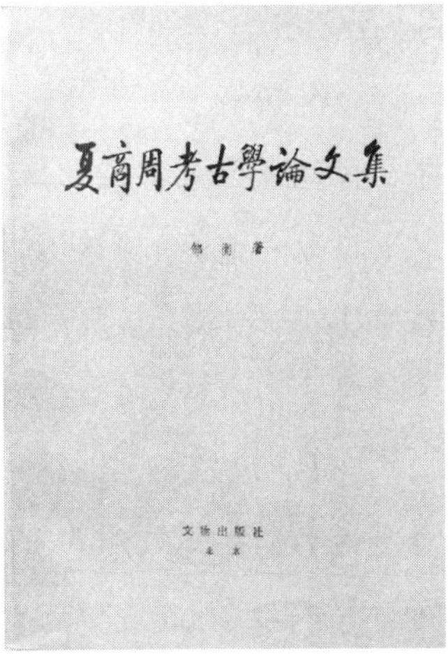

图九　邹衡:《夏商周考古学论文集》

要在这一地区，两者恰相吻合。

邹衡夏文化相关的学术观点及研究路径可以概括为以下几个方面：

1. 以二里头文化的主体礼器、《礼记》的记载，从考古学和文献两方面论证了二里头文化就是夏王朝所属的夏文化。

2. 对殷墟文化的研究。利用地层证据、陶器和铜器的类型学研究，结合可靠的甲骨文，将殷墟文化分为四期 7 组，并推断出了各组的绝对年代。

3. 对早商文化的研究。以郑州的考古资料为基础，结合文献记载的商前期迁都历史，论证了郑州商城亳都说和小双桥遗址隞都说。

4. 对先商文化的研究。在以郑州亳都为前提确定了早商、先商和夏的可靠界标后，从南关外期与郑州二里冈文化的差异、豫北商以前文化的共同性等方面出发，论证了先商文化的发展路线。

5. 在新石器时代仰韶文化和龙山文化的研究方面，邹衡在《我与夏商周考古学》中提出：“为了研究夏文化，我不得不对河南地区的仰韶文化和龙山文化进行研究，以洛阳王湾为基础，对仰韶文化和龙山文化进行了细致的分期。”

另外邹衡对夏文化的研究还有以下几个方面：

1. 考古学资料和甲骨文记录确定了安阳小屯的晚商文化，层位关系和文化内涵的比较证明了以郑州二里冈为代表的商文化是早商文化，而早商文化与龙山文化之间存在中间环节。二里头文化就是这个中间环节，它有自身的发展序列。年代、地理、文化特征、文化来源及社会发展阶段五个方面的考察可以证明，二里头文化就是夏王朝所属的考古学文化，即夏文化。

2. 二里头文化的相对年代是明确的，无论地层叠压关系还是文化内涵的比较都可以证明：二里头文化晚于河南龙山文化，早于早商文化。若论其绝对年代，碳十四的测定当然应该参考，但要比较准确地断定其绝对年代，碳十四的测定则无能为力，这就需要另寻他途。在这一点上，我们目前只好从文献上寻找线索。

3. 一个关键性的问题，就是关于成汤都亳的地理考证。郑州商城就是成汤的亳都，东周以来的文献记载和 1949 年以来的考古材料都可以确证这一点。

邹衡在《关于探索夏文化的途径》中又指出：商文化基本弄清楚了，才有可能辨认出夏文化。如果不能确认先商文化和早商文化，要在考古学上确定夏文化是不可能的。

邹衡对夏文化的论断，是对与夏商有关的中国考古学文化一个全面的、全方位的、长时段的文化谱系研究的成果，在对夏文化的具体考察上，他从年代、地理、文化特征、文化来源及社会发展阶段五个方面出发，得出了“二里头文化就是夏王朝所属的考古学文化，即夏文化”的论断。在方法上，文献与考古资料的结合和互证，始终是邹衡对各个问题研究采用的主要路径。以文献和考古学两方面的资料为基础，他把夏文化的时间、分布区域进行了厘清。如果要用一种理论来概括的话，这正是文化－历史主义的方法。其出于宏观的时空范围考察而得到的前后连贯、逻辑严密的论证结果，勾勒出了中原地区先秦时期考古学文化发展的全景式轮廓，使其夏文化的论断也因此而显示出难以撼动的独有可靠价值。

（三）夏鼐：夏文化的定义和夏都探索的方法

夏鼐是新中国考古工作的主要指导者和组织者，是中国现代考古学的奠基人之一。（图一〇、一一）

图一〇　夏鼐

图一一　夏鼐：《夏鼐日记》

夏鼐在《谈谈探讨夏文化的几个问题——在〈登封告成遗址发掘现场会〉闭幕式上的讲话》中指出：

“夏文化”应该是指夏王朝时期夏民族的文化。……（有关夏文化问题的四个条件）地域与社会性质，看来问题不大。地域是同一地域；社会性质则夏、商都是奴隶社会。问题是文化和年代。要分析文化性质。另外是年代。……（夏都问题）一般的探索过程，是先确定一个遗址属于某一王朝，然后再确定它是该王朝的京都。……如果这遗址（按：王城岗遗址）属于夏文化，也仍有这是否是都城的问题。如果某一遗址由各方面的强有力的证据可以确定是夏都，那也可以由此找到一个标准，根据它去搞清楚夏文化的面貌。

在《新中国的考古学》中，他又指出："我们要不断改进考古学研究方法……除了运用考古学本身的各种研究方法（如地层学方法、类型学方法等）和运用文字资料和民族学资料，我们还要运用自然科学的方法以解决考古学上的问题。"

对夏鼐的发言进行总结，我们可以得到三点认识：第一，判断某一文化是否是夏文化的要素，应当从年代（时间）、地域（空间）、文化性质和社会性质等几个方面入手。第二，在确定了文化性质是夏文化的前提下，要进一步确定遗址的等级和地位是否和都邑有关，如果能够确定某遗址是夏王朝的都邑，那么这个遗址可以作为一个参考的标准。第三，考古学研究除了要利用考古学方法，文字资料（包括历史文献）、民族学资料和自然科学的方法都应该得到运用。进一步概括的话，我们可以用文化－历史主义、都邑法和多学科的综合研究来概括夏鼐对夏文化的定义及其研究方法。

（四）苏秉琦“新石器时代考古学区系类型理论”、严文明“中国史前文化重瓣花朵结构”和费孝通“中华民族多元一体格局”对夏文化探索的影响

图一二　苏秉琦

在《关于考古学文化的区系类型问题》一文中，苏秉琦（图一二）首先指出，“考古学文化的区、系、类型问题，是我国考古学，特别是新石器时代考古学的一项基本任务”，“考古学文化的区、系、类型的划分，是我国考古工作获得飞跃发展后提到我们面前的一个新课题”。中华人民共和国成立以来的30年，中国考古学迎来了前所未有的发展机遇，各地考古发现层出不穷，资料丰富多样。苏秉琦提出来的“基本任务”和“新课题”就是如何充分发挥好这些资料的价值、利用考古资料来构建中国史前史的整体发展路径和图景的问题；在具体的研究中则要解释好不同时空范围内史前文化的文化内涵差异和共性问题。正是基于解决这些问题的愿望，苏秉琦以新石器时代和早期青铜时代的考古发现为资料，勾勒出了中国史前文化发展的第一幅全景式画卷，并在以后很长一段时间内成为中国考古学的指导思想。

在《关于重建中国史前史的思考》一文中，苏秉琦指出，“考古学的最终任务是复原古代历史的本来面目。……今天，我们钻研这史前以百万年计的历史，目的是为了阐明中国历史的发端和发展过程，以中国的材料充实辩证唯物史观，为发展马克思主义历史科学做出贡献。……对中国史前史给予

科学总结，宏扬民族文化，将有助于我们认识国情，提高民族自信心；同时，也将是对世界文化史的贡献”。

正是基于对考古学科最终任务、学科价值、社会需要和时代需求的认识，苏秉琦又进一步提出要“建立有中国特色的考古学派”，“随着考古学的发展，使我们有可能将历史文献材料与考古资料整合，来重新构筑中国的史前史”（见《建立有中国特色的考古学派》）。

图一三　严文明

严文明对中国史前文化的统一性和多样性也做出过精彩的描绘。（图一三）在 1987 年《中国史前文化的统一性与多样性》一文的结尾，严文明指出：“由于中国史前文化已形成一种重瓣花朵式的向心结构，进入文明时期以后，很自然地发展为以华夏族为主体，同周围许多民族、部族或部落保持不同程度关系的政治格局，奠定了以汉族为主体的、统一的多民族国家的基石。这种格局不但把统一性和多样性很好地结合起来，而且产生出强大的凝聚力量。”

在考古学研究的基础上，费孝通结合自己的民族学研究，从人类学、语言学、历史学等各方面对中华民族形成的历史过程做了综合性的分析，于 1988 年提出了“中华民族多元一体格局”的思想。

苏秉琦、严文明和费孝通的三个理论是紧紧相扣、一脉相承的。我们之所以提到看似和夏文化研究没有直接关联的这三个学者，是因为20世纪80年代以来关于夏文化的探索和讨论，在很大程度上受到了这些理论思想的影响，是在这些大的理论背景下展开的。不同的学术观点是对夏文化某些具体问题详细而深入的探讨，但总体上仍是重建中国历史的一部分工作。

（五）赵芝荃：夏文化的定义和夏都探索的方法

作为二里头遗址发掘工作的主持者，赵芝荃的观点及其研究路径可以说在某种程度上反映了官方学术机构的声音（图一四、一五）。他对二里头遗址年代及性质的认识经历了一个从"汤都西亳"到"夏代晚期都邑"的转变过程。

图一四　赵芝荃

图一五　赵芝荃：《赵芝荃考古文集》

赵芝荃20世纪80年代初期认为二里头遗址为汤都西亳的立论依据有以下几点：

1. 考古学文化序列：二里头遗址与洛阳东干沟、郑州洛达庙类型的年代，都应该是安金槐提出的商代早期。

2. 二里头遗址的性质认定：二里头遗址的规模及内涵都表明它应为一处距今3500—3600年的都邑遗址。

3. 文献资料："汤始居亳，从先王居""蒙为北亳，谷熟为南亳，偃师为西亳"。

促使他观点转变的主要原因是1983年偃师商城的发现。之后，他认同了"二里头遗址为夏代晚期都邑"的观点，并从以下几个方面进行了补充论证：（1）遗址的地理条件和形成背景；（2）遗址的形制和发展过程；（3）宫殿建筑，墓葬，青铜器、玉器和刻画符号等出土文物特点；（4）与偃师商城的关系；（5）年代；（6）与古文献记载的结合。从方法上来说，赵芝荃认为探索夏文化的工作应当从年代、地域和都邑三个方面着手，把夏文化的整体轮廓与夏代纪年搞清楚了，夏文化就可以得到初步确认。

（六）郑光：考古、文献结合重建一元论的古史体系

郑光之所以能够提出中国上古史一元体系这种发展过程，重要的根据是通过对考古学和古文献的通盘考察，坚信文献对于夏桀之都斟鄩的地望的记载是正确的。（图一六）

图一六　郑光

对于夏文化的研究，郑光最独到的见解有两个方面：

第一，提倡重建一元

论的古史体系。他认为，根据传统的史学观念，夏商的主体民族、主体文化是同一的、一脉相承的。郑光倡导走出二元论，他指出："笔者在二里头这样的帝都遗址从事近 30 年的考古工作，结合古文献的阅读思考，深深体会到，考古愈是往前发展，愈是证明正统古籍记载的古史框架和基本面貌是正确的，感到应当尽快恢复被破坏的古史系统和古史面貌。"

第二，注重高层次的文化因素研究。郑光在《夏商文化是二元还是一元——探索夏文化的关键之二》中提出："研究夏商文化只强调一般处于低层次的陶器而不注意处于高层次的铜器、玉器、文字、礼制等（只有后者才是判断一个考古学文化的民族属性和发展水平的最主要的依据），从局部联系法牵强地证成己说。由此得出的结论可能离事实很远，以至越走越远。"

尽管郑光坚持一元论观点，但是他丝毫没有否认历史文献的重要价值，这是很可贵的学术精神。

（七）李伯谦：考古学与历史学结合探索夏文化的实践与方法创新

李伯谦为中国考古学发扬科学求真精神、推进夏商考古研究做出了重大贡献（图一七）。

2015 年 11 月 29 日在河南大学召开的"中国考古学会夏商考古专业指导委员会 2015 年年会暨考古视野中的早商文化与先商文化论坛"上，李伯谦发表主旨演讲《发扬科学求真精神　进一步推进夏商考古研究》，他提到了以下三点：

1. 要紧紧抓住考古这个环节不放。考古学中地层学和类型学尤其重要。

图一七　李伯谦

2. 要客观对待文献，文献是原史时代考古学的重要材料，不能轻易否定，但是文献的使用一定要先进行可信性和文献来源的辨析研究。

3. 推进研究必须大量运用自然科学技术手段。

李伯谦强调“夏代历史是真实可信的，夏代史就是信史”，这也是他 2019 年 7 月在《关于当前古史观的若干问题》讲座中提到的古史观的内容之一。他将考古发现与文献记载结合起来，把夏代历史分成前后相接的三个阶段：第一阶段，以登封王城岗大城为代表，相当于“禹都阳城”及其以后的一段时期；第二阶段，以新砦期为代表，是“太康失国”之后，“后羿代夏”和“寒浞、浇殪”时期，时间不太长，大约七八十年；第三阶段，以二里头文化为代表，二里头文化一、二、三期是少康中兴以来至夏桀灭国的夏文化，二里头文化四期时完成了夏商政权更替。

“文化因素分析法”是李伯谦对中国考古学的一个重大贡献，他在《论文化因素分析方法》中提出：“文化因素分析方法和地层学、标型学方法一样，是考古学基本方法之一。”他又指出：“文化因素分析是从考古学研究过渡到历史学研究的桥梁。……从写出《试论吴城文化》到后来上课与学生们讨论再到写出《论文化因素分析方法》，我才从不自觉到自觉地认识到考古学应该怎样走上研究历史问题这条道路。”

李伯谦注重对考古学文化互动关系的研究。他指出："考古学文化互动关系研究实际上是通过特定的人们共同体同其他人们共同体相互交往中遗留的遗迹、遗物来研究其交往的原貌，揭示其交往的内涵、形式、途径和实质，恢复其交往的历史。"

李伯谦在对考古学文化族属的研究方面提出如下观点："考古学文化族属问题，实际上是指通过对考古学文化遗迹、遗物及遗迹现象的研究，由物及人，由物见人，揭示创造和使用该考古学文化的人们共同体即族（或族系）的真实情况，从而尽可能地恢复其历史原貌。""考古学文化族属研究是一项系统工程，……至少涉及年代、地域、社会发展阶段、文化特征和文化关系等几个方面的研究内容。"具体来说即年代契合、地域重合、社会发展水平基本相平、考古学文化特征与文献记载的民族文化基本相符、考古学文化关系与该族及周邻诸族的文化关系相合几个方面。

何努概括李伯谦学术思想体系为"以文化因素分析法为手段，构建中国青铜时代时空与文化结构体系；以'夏商周断代工程'为学术道路的转折点，向中国文明起源理论探索转移；构建中国文明判断的十项标准，提出中国文明的两种模式和三个阶段，为丰富中国文明起源理论做出了重要贡献。他还提出考古、文献、文化人类学三种研究成果综合研究，构建中国上古史方法论，从而形成了自己的完整学术思想体系"。由上我们可以看出，不管是对具体问题的研究，还是在研究方法和理论思考方面，李伯谦都有大量的实践和创新见解，他始终坚持考古与文献结合的研究道路，并以构建上古史为学术的目标任务。他的成就和情怀，是中国考古学和夏文化研究的宝贵财富。

四、第四阶段（1996年至今）：聚落考古学在夏文化探索中的应用和多学科综合研究的推广

（一）“夏商周断代工程”的研究途径

20世纪90年代以来，中国考古学进入了一个新的阶段。“夏商周断代工程”的开展，中外合作考古调查的推进，如山东大学与耶鲁大学合作的“两城镇聚落考古调查”、中国社会科学院考古研究所和澳大利亚拉楚布大学等合作开展的“伊洛河流域聚落考古调查”等，对中国考古学的田野工作模式和发掘方法的改进与转变，都有很大帮助。

“夏商周断代工程”是中国现代考古学发展史上一个有重大意义的工程，它的推进和完成不仅建立了一个有重要参考价值的三代年代框架，更重要的是在一定程度上丰富了中国田野考古的工作内容，开创了多学科参与田野考古的工作模式。

关于其研究途径，《夏商周断代工程1996—2000年阶段成果报告》（简本）中提到：对传世文献和甲骨文、金文等古文字材料进行搜集、整理、鉴定和研究，对有关的天文历法记录通过现代天文计算推定其年代；对有典型意义的遗址、墓葬资料进行整理和分期研究，并作必要的发掘，取得系列样品，进行常规和AMS（加速器质谱仪）的碳十四年代测定。“夏商周断代工程”以后，聚落考古的理念和多学科参与考古并进行交叉综合研究的方法在中国考古学实践中得到了快速全面的推广。

（二）聚落考古在夏文化研究中的实践

作为“夏商周断代工程”的子课题之一，方燕明确定聚落考古在夏文化研究中的目标为：通过对嵩山南北地区河南龙山文化的分期，建立起比较详细的考古编年序列，并利用碳十四测年确定其年代。通过文化因素分析，探讨河南龙山文化与二里头文化的关系，指认出夏文化，进而大体确立夏文化的上限。

方燕明在《早期夏文化研究中的几个问题》一文中提出：从研究河南登封王城岗、禹州瓦店、巩义稍柴等重要遗址的分期入手，综合分析嵩山南北地区河南龙山文化和二里头文化的材料，即可建立这一区域的考古编年序列。考古地层学和考古类型学是分期工作的基本方法。利用典型遗址的典型单位中的含碳样品的碳十四测定，可以确定各期文化的绝对年代。通过对河南龙山文化和二里头文化的文化因素分析，搞清两者的关系，初步指认夏文化，并尽可能推定出夏文化的上限，得出夏王朝的起始年代。

方燕明在工作过程中，把颍河流域考古调查和禹州瓦店聚落考古做了一个龙山聚落考古的多学科演练，主要有以下几点：

1. 考古调查：传统调查方法与区域系统调查方法（景观观察调查、数据库设计、3S 技术支持、WEB-GIS 系统的开发与应用）的结合。

2. 聚落考古：遗址范围布局与形成过程，遗迹年代与结构布局，主体建筑、防御设施、墓地、作坊、祭祀遗存等方面的全面钻探与发掘工作；各类遗存的资料提取工作。

3. 科技考古：针对人地关系的环境考古，针对资源生计的动物和植物考古、体质人类学研究、同位素分析（食物结构和食物链）、针对生产技术的手工业考古（石器微痕、石器工具的制作和使用的实验考古、制陶工艺技术）等。

4. 历史文献的梳理与考证：自禹、启以来，河南禹州即成为夏人活动的主要地区之一。

（三）二里头遗址考古工作中的聚落考古实践

许宏最近几年提出来的“二里头遗址西亳说”是非常有影响力的学术观点，主要依据是二里头遗址有关发掘单位的最新的测年结果、出土文献中提供的新线索及对二里头遗址聚落形态演变的新认识，他强调，以往的相关讨论研究都仅限于推论和假说的范畴。他批评了考古学文化与具体族属、王朝发展阶段的比附对应研究，认为“把考古学文化所代表的人群与历史文献中的国族或者王朝归属对号入座的研究，既不是考古学所擅长，也不是这个学科研究中最重要的课题”。

许宏在《考古学参与传说时代古史探索的论理》中提出：“可以预见的是，考古学将会把更多的关注，集中于它所擅长的对聚落形态、人地关系、社会结构、技术经济、生计贸易等方面的研究，将会对古史研究乃至史学理论与方法论的建设有更多更大的贡献。”由此我们可以看到，即使观点不同，但聚落考古学的理念及其对夏文化研究的重要意义，都是大家一致要强调的。

（四）中国考古学从古史重建到文明阐释的人文关怀底色

在中国考古学文化－历史主义方面，最近几年在夏文化探索中有重大影响力的是孙庆伟。孙庆伟认为：

细审半个多世纪以来夏商分界研究的历史，其根源仍在于夏文化探索，夏商分界的根本仍在于确定何种考古学文化为夏文化。而透过纷繁复杂的论争过程，我们可以看到新、旧西亳说与郑亳说的对峙与其说是观点之争，倒不如说是研究方法之争，即以何种方法探索夏文化。

材料的真伪、证据的充足与否，仍属于方法论的表层，更重要的是通过考古材料与文献史料的视域融合和语境释读，与追问考古研究的终极目的关联起来，才能避免考古学沦落为冰冷的技术研究，才能避免失却中国考古学从古史重建到文明阐释的人文关怀底色。

他认为夏代的信史地位涉及对传世文献的理解及对历史和历史叙述的认知，传世文献、出土文献、文字证据等证明夏史是可信的。

从方法层面而言，夏文化的考古学探索大体归结为两类：一类是“夏都法”，一类是“夏墟法”。

从证据方面而言，河南龙山文化对石家河文化的替代、牙璋的兴起、郑州商城和偃师商城的兴建、大师姑和望京楼城址的改建等，可以看作夏文化兴亡的证据。

孙庆伟将研究范围扩大到“禹域”内的龙山文化遗存，同时重点分析二里头遗址和二里头文化的相关特征，通过长时段、广地域的比较研究，确立了考古学上的夏文化。他对考古学文化属性进行判断的方法是：利用统计的方法，先确定典型遗址的核心器物组合，并以此为根据判断遗存的文化属性。

他以文化比较法为基础，从时间、空间和文化面貌三方面综合分析，认为第一核心区内的王湾类型和煤山类型晚段为狭义的夏文化（夏后氏为主体的夏文化），而第二和第三核心区内的考古学遗存可以归为广义的夏文化(夏王朝文化)，即河南龙山文化晚期和二里头文化一至四期在时间上覆盖了整个夏王朝，它们也就是一般意义上所说的夏文化。

五、简单的总结

通过对夏文化研究历史、研究方法和路径的分析，我们看到，夏文化探索所采用的考古学与历史学（文献史学）结合或相互印证的方法历史久远且成就明显。我们可以做些简单的总结。

（一）夏文化探索的具体方法

1. 对证法。对证法指考古遗存的时间、空间、所反映的社会状况、文化特征等内容与历史文献记载的某一族群历史可互相印证；考古学文化变迁与重大历史事件的更迭相合，可互相印证而对某些历史有共同认识的研究方法。孙庆伟称之为文化面貌分析法或文化特征比较法。

2. 都城界定法。先认定商汤亳都所在，以此向前推定夏都。在一定程度上和对证法互相结合，对某些重要遗址的年代、性质等作出推定，结合考古学文化发展过程、历史记载的政治事件发生过程，对某遗址是哪个时期或某一王的都城作出认定。

3. 文化因素分析法。对文献记载的属于夏王朝疆域内、纪年范围内的，早于二里冈商文化的古文化遗存进行文化因素分析，以确定不同聚落或文化的年代与性质，并以此厘清夏文化的变迁过程。

4. 聚落考古学和多学科交叉的综合研究方法。这一方法对可能属于夏王朝的某一个遗址的布局结构、经济形态、物质文化、社会生活、性质与地位等微观聚落形态的内容了解至关重要，区域内的聚落形态研究是了解夏王朝的社会结构、社会关系的重要途径。

（二）包括夏文化探索在内的中国考古学的终极目标

《探源文明　追迹历史——李伯谦先生专访》一文中写道：“考古学应该走上研究历史问题这条道路。……应该把考古学与文献史学结合起来。……要注意理论、方法与实践的结合，在熟练掌握考古学理论与方法的基础上，以之为武器来指导实践，在具体研究调查与发掘遗迹和遗物时，通过科学的方法进行总结和分析，来解决历史上的问题。”这应该也是夏文化探索的目标和方向。考古学上的夏文化探索就是要以考古学方法为途径、以考古学资料为对象去全面构建夏代的社会进程、经济形态、物质文化、社会结构和社会关系、宗教思想等夏代历史的各方面内容，说到底还是要研究历史。从这方面来说，我们不仅要相信历史文献记载的夏代历史是可信的，而且要从考古学方面去全面构建、陈述、阐释这些资料反映出来的夏代历史。

在夏文化探索方面既有的成绩，不论是我们认可的观点，还是不认可的观点，其实走的都是文化－历史主义道路。就像李伯谦所提出的考古学实践研究和理论探索一样，考古学的实践与研究，既勾勒出了夏商历史发展的轮廓，又丰富了我们对夏商时期社会文化内涵的具体认识，还有对古代社会发展模式的思考，这已经成为中国历史的重要组成部分。中国考古学的终极目标是研究历史、构建历史，特别是重构史前史的发展脉络。而夏商考古学作为中国考古学的一部分，毫无疑问在这个大背景下应该承担起应有的责任。

（三）文化－历史主义兴盛的原因

中国考古学对夏文化的探索一开始就走上了文化－历史主义道路，而且在近百年的发展探索中，取得了显赫辉煌的成绩，其原因主要有以下两个方面：

思想因素：早期中国考古学的实践，是具有救亡图存之志和家国文化情怀的知识分子践行爱国主义和追求民族独立的文化实践，马克思主义思想和欧洲文化－历史主义对中国早期考古学发展也有重要影响。

现实因素：其一是文献和考古资料的丰富；其二是文化－历史主义研究模式在中国实践中有效且实用，取得了巨大成就。这些丰富的文献资料不应当成为我们要抛弃的包袱，而应当在认真甄别的基础上作为考古学研究的线索或旁证。我们不能因为文献的使用而对既有的研究成果持否定的态度，相反更应该对这些成果进行总结和反思，在前人的基础上将夏文化研究向前推进。实际上，无论如何，这都是我们必须面对且无法舍弃的。20 世纪 30—80 年代因中国对外文化交流的缺失，中国考古学没有参与到 20 世纪 60 年代以来欧美新考古学的讨论中去，而是沿着之前的文化－历史主义道路继续前进，已形成了较强的惯性。

正因为如此，我们认为考古学上的夏文化探索要坚持以马克思主义思想为指导，以史籍文献的记载为线索，以构建夏商时期社会历史为目标，以考古学为基础并坚持聚落考古学的理念，以多学科交叉融合为方法，为中国上古史重建做出重要贡献。

第五讲

新砦遗址的聚落考古研究

主讲人：赵春青　中国社会科学院考古研究所研究员
讲座时间：2021 年 7 月 19 日
讲座地点：第四届河南大学夏文化暑期研讨班
整理人：刘一帆　河南大学历史文化学院 2020 级文物与博物馆专业硕士研究生

本讲分为四部分，分别是聚落考古、新砦遗址与早期夏文化、聚落考古在新砦遗址的应用、新砦遗址聚落考古的展望。新砦遗址是中原龙山文化晚期至二里头文化早期遗址，“中华文明探源工程”首批六大都邑之一，可能是历史记载中的“夏启之居”。（图一）早在 1979 年赵芝荃先生等就对该遗址进行了发掘，确认了新砦期文化。其聚落考古的调查范围主要包括西自登封、中经新密市大部、东至新郑市西部的双洎河上游地区，考古工作确定了新砦遗址设有外壕、城壕、内壕共三重防御设施，中心区建有大型城址。新砦城址的位置完

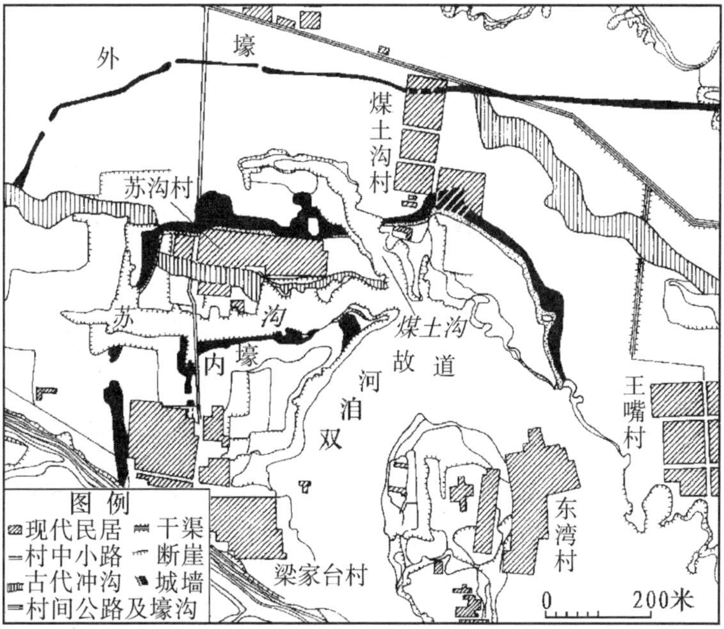

图一　新砦遗址平面图

全符合《穆天子传》《水经注》中所云“夏启之居”的地望，其始建年代落入夏代早期年代范围之内，其规格具备王都的特征，所以很可能就是“夏启之居”所在地。新砦城址与被指认为大禹时期的河南登封王城岗城址，都被认定是夏文化早期遗存。河南汝州煤山遗址龙山文化晚期灰坑中发现炼铜坩埚残块，王城岗遗址四期灰坑发现青铜容器残片，这标志着这一时期已进入青铜时代。按作业区域整个新砦遗址可分为 A、B、C、D 四个区，区域内护城河、大型建筑、城墙俱全。城墙的发掘按寻找城墙、顺藤摸瓜、解剖城墙、分段解剖几个步骤进行。未来对于新砦遗址的探索可以从公共墓地、手工业作坊区、农业区着手。

一、聚落考古

（一）什么是聚落考古

聚落考古或称聚落考古学，是指以聚落遗址为单位进行田野考古操作和研究的一种思想方法。虽然说聚落考古只是一种研究方法，但由于具体的研究对象是聚落遗址，所以这种方法也需要贯穿于田野考古之中。也就是说，聚落考古要求我们从田野考古调查发掘工作开始，就必须树立聚落考古的思想，以便制定相应的工作计划并付诸实践；同时调查发掘资料的整理研究工作也需要按照聚落考古的方法和要求进行。只有这样，我们才能为聚落考古提供有效的基础研究资料，才能推动聚落考古研究工作的开展，聚落考古才能得以成立并不断获得发展。有关聚落考古的定义，严文明先生先后发表过《关于聚落考古的方法问题》、《垣曲盆地聚落考古研究》序、《郑洛地区新石器时代聚落的演变》序、《聚落考古与史前社会研究》、《近年聚落考古的进展》等和聚落考古相关的文章，他提出聚落考古是以聚落遗址为单位进行田野考古操作和研究的一种方法。

山东大学栾丰实教授在阐释聚落考古的定义时提出，聚落考古通常分为微观聚落考古和宏观聚落考古两种。微观聚落考古是指对聚落内部的房基、灰坑、水井等遗迹的划分及其动态变化进行研究，以探索遗址内部社会组织的结构及人与人的关系。宏观聚落考古是指对单个聚落之间、聚落群之间的划分及其变化进行研究，试图了解聚落与聚落之间的社会组织及其演变。

因此，聚落考古的基本内容包括对单个聚落、聚落与聚落之间，以及聚落演变过程等方面的研究，其中对单个聚落的研究是从事聚落研究的基础。

（二）中国聚落考古的历程

我国的聚落考古最早可以追溯到1921年安特生等人在河南渑池仰韶村的发掘。在最初发掘的时候，安特生曾经注意到仰韶村周围的地形，划分出沟壑、田地、等高线的位置，他不仅发掘出了器物，还把仰韶村的地貌勾勒了出来。这次考古发掘可以视为聚落考古的发端。20世纪50年代发掘的西安半坡遗址的发掘报告副标题为《原始氏族公社聚落遗址》，实际上是从一种聚落考古的角度来对半坡遗址进行全面的揭露。20世纪70年代对姜寨遗址的发掘更系统，整个遗址被分成几组房屋，外边又分了三片墓地，每片墓地有男有女有老有少，所有墓地都有规划，因此姜寨遗址的发掘比半坡遗址更全面。

（三）聚落考古已成为田野考古中常见的方法

考古学的基本方法有三种：地层学、类型学或者叫文化因素分析、聚落考古。实际上聚落考古作为田野考古的方法，已经被更多的学者自觉运用。中国考古历经百年，最初的多数考古发掘活动不注重聚落考古的运用。通过近70年的发展，到现在的21世纪，聚落考古已经越来越受到重视。我国的考古活动已经进入到比较成熟的阶段，重要的文化遗址基本已经被揭露出来，我们再进行考古发掘，很难发现新的文化遗存类型，也很难再发现这些已知的考古学文化的时间跨度内还有别的新的考古学文化。从聚落考古的角度讲，仅仅挖遗址是不够的。遗址的范围多大、跟周围的河流有什么关系、聚落前后是怎么演变的、反映出来社会组织的变化等都是应当考虑和研究的内容。

聚落考古主要分两种：一种是主动性考古调查发掘，如耳熟能详的三星堆遗址考古。三星堆遗址的发现，始于当地农民燕道诚于 1929 年掏沟时偶然发现的一坑玉石器，后因战乱考古工作没能及时进行下去。20 世纪 50 年代开始，考古工作者又恢复了在三星堆遗址的考古工作。另一种是配合基本建设的考古发掘，如陕西西安高陵区杨官寨遗址的发掘。2004 年 5 月，西安市经开区泾渭新城决定实施南面路段的延伸工程。挖土机无意间挖出无数碎陶片，其中有的陶片上还有艳丽的色彩。就这样，一座公元前 4000—前 3500 年间的遗址被挖了出来，因为地处杨官寨，考古学家称其为杨官寨遗址。

二、新砦遗址与早期夏文化

（一）新砦遗址与“夏启之居”

以新密新砦遗址为代表的新砦期文化与二里头文化关系密切，年代稍早于二里头文化，是其前身。新砦期文化的年代较短，主要分布在以郑州为中心的嵩山东南一带，这里流传着禹和启在此活动的传说。新砦期文化各遗址中，新砦遗址面积巨大，使用年代最长，发现有三重城壕、大型宫殿基址、大型浅穴式建筑基址及高等级遗物，新砦遗址是打开“早夏”之门的钥匙。

《穆天子传》云：“天子南游于黄室之丘，以观夏后启之所居。”新砦城址的位置完全符合《水经注》所云“夏启之居”的地望。城址的始建年代落入夏代早期年代范围之内，附近的新密市和新郑市境内没有比它更大的同期城址或遗址。依照遗迹遗物的规格，它本身具备王都的特征，新砦城址很可能就是“夏启之居”所在地。

关于夏代国王启出生和活动的地方，史籍多有记载，前人也早已做过详细的考证。关于夏启的出生活动和居住之地主要有四种意见：一、嵩山附近，见于《汉书·武帝纪》；二、夏或夏邑；三、禹州钧台；四、黄台之丘左近。前三种说法均缺乏考古学证据，《穆天子传》云“天子南游于黄室之丘，以观夏后启之所居”，可见“夏启之居”就在黄台岗不远的地方。

（二）早期夏文化探索

2002年，“中华文明探源工程”项目启动，经过碳十四年代测定，二里头文化一期的绝对年代为公元前1750年前后，这只是夏代中晚期的年代，因此，要寻找夏代早期的遗存，就必须追溯到早于二里头文化的考古学文化。

新砦遗址二期出土木炭经首批碳十四年代测定的有6个数据。其中二期早段的绝对年代数据大多落在公元前1880—前1770年之间；二期晚段的绝对年代数据除两个偏晚外，其余大多落在公元前1770—前1730年之间。据此，新砦遗址二期的绝对年代当在公元前1850—前1750年之间，它大体经历了100年左右的历程。

新砦遗址最丰富的遗存是新砦遗址二期遗存，被赵芝荃先生认定是比二里头文化一期还要早的所谓新砦期文化。新砦期文化绝对年代的测年结果出乎预料地晚。新砦期文化的这些测年数据的上限，比相当长时期内流行的有关二里头文化上限的说法即公元前1900年还要晚。为了验证测年的可靠性，国内测过的若干样品曾被拿到维也纳重新测定，其结果与国内的测年结果基本相符合。那么，现在的测年结果怎么比以往的测年结果要晚呢？

以往学术界流行的把二里头文化一期绝对年代的上限估计为公元前1900年，很重要的原因之一就是把二里头文化测年数据所示年代范围上限当作二里头文化一期的始年了。那么，二里头文化的年代究竟是多少呢？“中华文明探源工程”启动之后，采用新方法给出的二里头文化最新的测年结果为二里头文化一期的上限不超过公元前1750年，即接近新砦期文化的下限，正好与新砦期文化相衔接，这说明原来测定的关于二里头文化的年代范围是粗线条的，采用系列样品法拟合之后，二里头文化一期的上限就更加细化了。这样看来，不仅二里头文化一期不会是夏文化的上限，新砦期文化也不会是最早的夏文化。如果要追寻早期夏文化就必须到比新砦期文化更早的龙山时代遗存中去寻找，这无疑给探索早期夏文化和中华文明的形成搭建了新的支点。

新砦期文化遗存特征非常鲜明，目前辨认出来类似的遗址也越来越多，可见它具有一定的分布范围。对此，庞小霞、高江涛在前人研究的基础上进行了较系统的研究，认为它主要分布在颍河、北汝河的上游，伊洛河下游和郑州地区。

新砦期文化具有一定的特色和独立性，延续有一定的时间，具有一定的分布范围，既不能包含在二里头文化之内，又不是王湾三期文化煤山类型向二里头文化的过渡，当然也不属于造律台文化，应是一种新的考古学文化。

（三）新砦遗址在早期夏文化中的位置

夏文化相当于中国历史上夏代（公元前 22 世纪或前 21 世纪至前 17 世纪或前 16 世纪）的文化遗存。早期夏文化，是指豫西、晋南一带发现的河南龙山文化晚期、新砦期遗存。河南汝州煤山遗址龙山文化晚期灰坑中发现炼铜坩埚残块，登封王城岗遗址四期灰坑发现青铜容器残片，标志着这一时期已进入青铜时代。

二里头文化上限的测年结果是公元前 1750 年，表明二里头文化只是夏代晚期的文化。新砦期文化的年代为公元前 1850—前 1750 年，是早期夏文化的晚段。新砦期文化是连接王湾三期文化与二里头文化的链条。这就再次说明，二里头文化的确是在当地龙山文化的基础上孕育产生的一朵奇葩，这与传说当中尧、舜、禹、启一脉相承的历史记载相符合，表明以嵩山为中心的郑洛地区是探索早期夏文化的主战场。

新砦期文化的重要特征之一便是融合大量东方文化因素。传说当中，夏王朝初期无论是禹、启还是太康时期，夏与东夷关系极为密切，而这一现象正好与考古学文化特点相符合。从某种意义上讲，夏文明的诞生是中原初级文明与东方初级文明融合的结晶。新砦期文化当中突然涌现大量东方文化因素，当与此历史背景有关。

如果认定新砦期文化是最早的二里头文化，那么二里头文化的绝对年代当为公元前 1900 年左右或公元前 1850 年左右，新砦期文化前后历时 100 年左右，已经接近夏文化的上限或距上限不远，新砦期文化即使不是最早的夏文化，也是探讨早期夏文化的新支点，它的确为今后探索早期夏文化指明了一个重点攻克的目标，对于探索早期夏文化不能不说是一个极大的进步。

三、聚落考古在新砦遗址的应用

自2002年“中华文明探源工程”启动以来，作为该工程前期研究的子课题之一，新砦遗址的田野调查和研究重点已从文化谱系转向聚落布局。在此之前，新砦遗址仅发掘了数百平方米，且发掘相对集中在同一地点，因此对聚落布局的认识几乎是空白。如何研究新砦遗址的聚落布局？最重要的有两点：一是树立聚落考古意识，始终把聚落作为一个整体进行观察、思考和研究的对象；二是制定一套不同于谱系研究的技术路线。针对新砦遗址面积大、堆积复杂的特点，技术路线可有四个方面：一是核实实际范围，进行详细检查；二是按步骤解剖城墙；三是在地面调查的基础上，选择重点区域进行必要的钻探和物探；四是在钻孔的基础上，选择关键部位进行大面积发掘。

（一）核实范围

新砦遗址内部现被两条黄土沟壑（煤土沟和苏沟）和双洎河故道切割成四大块，整个遗址的保存状态支离破碎。据地质学家介绍，在黄土地区，暴雨很容易冲出煤土沟、苏沟这样的黄土沟壑。根据现有冲沟和老河道的特点，这两条冲沟和双洎河故道的出现不会早于公元前1000年。（图二）换句话说，在新砦遗址主要遗存所在的龙山文化晚期和新砦期，新砦遗址可能是一个连接在一起的大聚落，而不是今天相互分离的四个小村落。那么，这个原本相连的聚落面积有多大

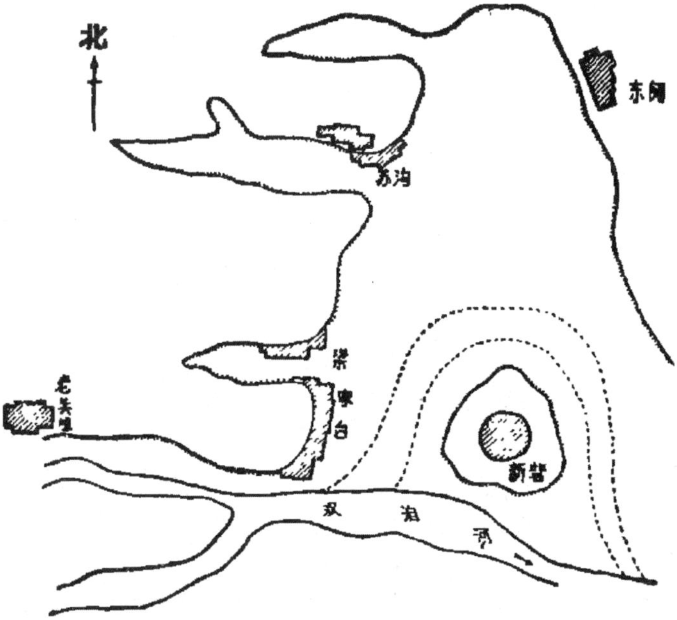

图二　新砦遗址地形示意图

呢？ 2002 年春天，我基于文化层的存在来观察现存的地层，采用钻孔法，将今苏沟村东侧约 20 米的关键层与北苏沟村东侧约 20 米的关键层结合起来，南部东湾村中部，西部梁家台村以西 30—50 米，总面积约 70 万平方米。如果将外沟和内沟之间的面积计算在内，总面积约为 100 万平方米。

为了方便作业，整个遗址可分为 A、B、C、D 四个区，分别与现在的梁家台村、苏沟村、煤土沟村和东湾村相对应。其中，A 区是小城分布区，B 区和 C 区是新砦城址的西北和东北，而 D 区则是被后来的双洎河冲刷的现今为孤岛状的区域。（图三）

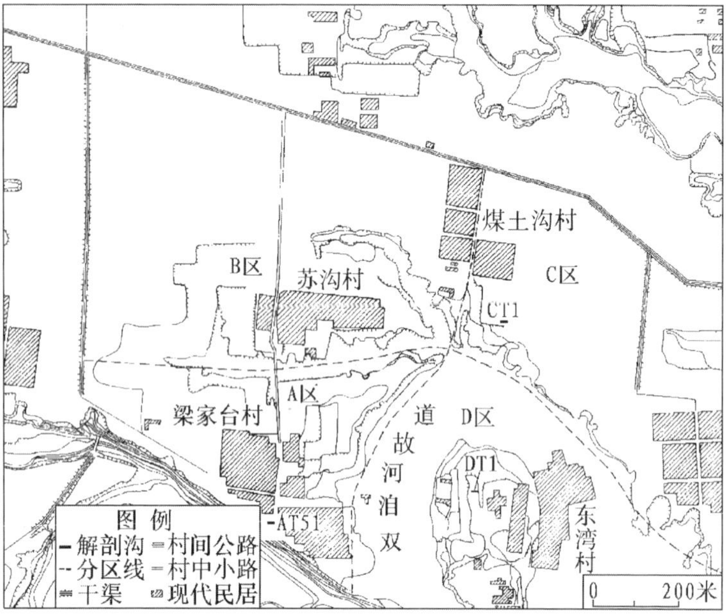

图三　新砦遗址分区与 2002 年发掘位置图

（二）解剖城墙

对于城墙的发掘，需按寻找城墙、顺藤摸瓜、解剖城墙、分段解剖的顺序，一步步有条不紊地进行。

2002—2003 年的钻探结果表明，新砦遗址城墙的西北角平面大致呈直角布列，这样的分布状况喻示着城墙西北角不会是自然形成的壕沟，应该是人工主动建造所致。为了证实这一推测，新砦遗址课题组选择城墙西北角进行大面积揭露。整个发掘区大致呈拐角形，加上扩方，合计发掘面积达 300 余平方米。发掘结果表明，西北城角平面大致呈圆弧形，其地层堆积与往年在北城墙、东城墙和西城墙上解剖的探沟一样，也是二里头文化的壕沟打破了新砦期文化的城墙，新砦期文化的城墙结构和夯筑方法也与往年发现的一致。这种城墙内转角呈圆弧形正是龙山时代城墙的特点之一。（图四）此外，新砦遗址城墙的特点还有：（1）护城河与城墙紧紧相连，即城墙的脚下即为护城河。这种做法或许是城址的原始性使然，不宜拿商代以后的城墙与护城河有间隔的模式来套史前城址。（2）新砦遗址城墙的夯层局部为斜夯层，不像郑州西山城址或新密古城寨遗址那样使用小板块夯筑法。这种斜夯堆筑法的城墙，常常与自然河道相结合，从城墙外边观察，墙高沟深，体现了有效的防御功能，但是从城墙内侧来看，城墙并不十分嵯峨。这种特点也见于湖南、江苏和山东境内的部分史前城址当中。新砦遗址城墙具有这些特点或许是因为它吸收了长江流域和黄河下游部分史前城址的筑墙技术，不能据此就否认它的城墙性质。

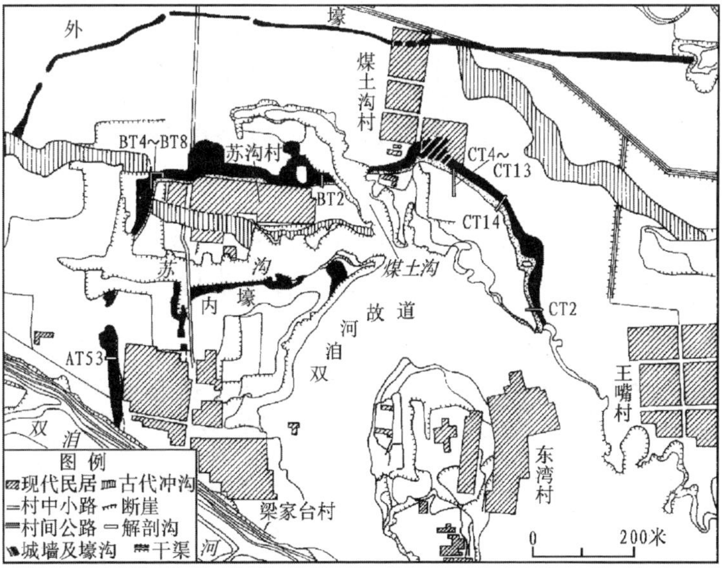

图四　新砦遗址城墙解剖沟位置图

（三）大型建筑

新砦城址中最主要的成就是发现了浅穴式大型建筑，该建筑位于中心区即内城的中部偏北处，开口于二里头文化层之下，上距地表最高处有 1.75 米，其建筑和使用年代为新砦期文化晚段，废弃于二里头文化早期。该建筑西端已遭农田破坏；东端被近代扰土层破坏掉中间部分，只在东端的南、北段保存垫土层，据此可以大体推断出东端的位置。现存部分整体呈刀把形，主体为长条形，唯东端向南内收 2.4 米。“北墙”方向为东偏北 40 度。该建筑现存东西长 92.6 米，南北宽 14.5 米，总面积达 1000 多平方米。（图五）

该建筑结构为浅穴式，其建筑过程为：第一，先挖成一个低于当时活动地面的大型基础浅坑。基坑的底部整平，并铺设两层厚 5—10 厘米的垫土层直接覆盖在原有大路的路土上。第二，在浅坑的南、北壁（现在只能看到南、北壁）上抹一层厚 2—4 厘米的黄泥，既美观，又能够阻挡壁外的活土短时间塌落。第三，在涂抹黄泥之后即开始活动，形成最初的底层踩踏面。第四，经过一段不太长的时间之后，涂抹的黄泥很容易塌落，于是便贴着黄泥的内侧再加筑一条质地细腻紧密的宽 25—40 厘米的纯净土，该条带状的纯净土似经过

图五　新砦遗址浅穴式大型建筑鸟瞰图（右侧为北）

夯打，有明显的分层现象，类似一道“窄墙”，以再次加固基坑周壁。在“南墙”局部内壁还可以看到残留有涂抹的白灰皮。这道“窄墙”直接叠压在第一层踩踏面上，与它同时期使用的踩踏面也在第一层踩踏面上再次被加高，形成第二次使用时期的踩踏面。第五，再经过一段时间的使用，第二次加筑的“窄墙”也会损坏，于是便在它的内侧加筑第二道“窄墙”，与之相符合形成第三层踩踏面。（图六）

图六　叠压在踩踏面上的数层夯土层（局部）（南→北）

这种不断加筑、不断使用的过程使得靠近南、北壁的地层从平面上看，最外侧是一条窄窄的黄泥条，靠里边则是含有红烧土块的黄土带，有的黄土带上还有火烧的痕迹。无论是黄泥条还是这些“窄墙”，不会具有承重作用，其作用在于美观和加固基坑内壁。所以，在“窄墙”上见不到明显的柱洞，而且在南北宽 14.5 米、东西长近百米的场所范围内，也没有见到一个柱洞。这说明这一浅穴式大型建筑原本就没有承重

的柱子，很可能是一处大型露天活动场所。（图七）

图七　新砦遗址浅穴式大型建筑的结构

在这一活动场所的西段“南墙”外侧附近的地面上，发现有一具完整的猪骨架，不见灰坑，是直接把整猪放置在当时活动场所的外边的地面上的，可能是祭祀用的整猪。在距活动场所“南墙”不足 2 米处发现有装有大量兽骨的小灰坑，或许系牺牲的遗骸。这一大型活动场所位置重要，规模宏大，而且作为一处活动场所建造得颇为讲究，可见绝非一处普通的活动场所。联系到在这一大型活动场所附近发现有同时期的整架猪骨和盛放较多兽骨的小灰坑，它或许与“坎”之类的祭祀遗迹有关，当然，也不排除它为一大型室外公共活动场所的可能性。

2016 年，考古人员在梁家台东北台地布下 36 个探方，北临 2002—2005 年发掘的大型建筑。此次大规模发掘主要是为了了解浅穴式大型建筑以南的情况，推测这里应有与浅穴式大型建筑同时使用的原始宫殿之类的痕迹。经过2016—2018年的发掘，王湾三期文化的房址、新砦期文化的夯土建筑基址及不晚于二里头文化一期的建筑基址基本被揭露。

（四）开展区域调查

新砦遗址位于新密市的东南部，距县城2.5公里，北距刘寨镇6公里，南距新郑市23公里。遗址位于台地上，南边断崖下是双洎河，东部是双洎河转弯的故道，西部和北部为开阔的平地，遗址中部有三条自西向东的土沟，东端与双洎河故道相连，把遗址分成北、中、南三部分。在附近的断崖和地坎上暴露有多处文化层、房基和灰坑，其范围北自苏沟村的北面，南到双洎河北岸，长约1000米，西自老关嘴的东面，东到双洎河故道的东岸，宽约70米。

新砦遗址包括今梁家台、苏沟、东湾和煤土沟共4个自然村的大部分区域，是嵩山周围大型史前聚落之一。2001年10月，国家“十五”规划重点科技攻关项目“中华文明探源工程预研究”启动后，寻找夏代早期文明的目光锁定在了新砦遗址上。经过考古发掘发现，这是一座面积约100万平方米、拥有内外三重城壕和大型建筑的夏代早期大型城址。城址内部不仅发现宗庙性质的大型建筑，还发现有加工骨器的手工业作坊区，出土的遗物不仅数量众多、做工精美，而且规格很高，反映出新砦城址的都邑性质。（图八）

在全国纷纷进行区域调查的背景下，新砦遗址考古队也提出“溱洧流域聚落考古调查”的课题，并得到“中华文明探源工程”的“聚落与社会”课题组的支持，2008年这一课题成为该课题组的课题之一。这次调查，为了解小区域聚落

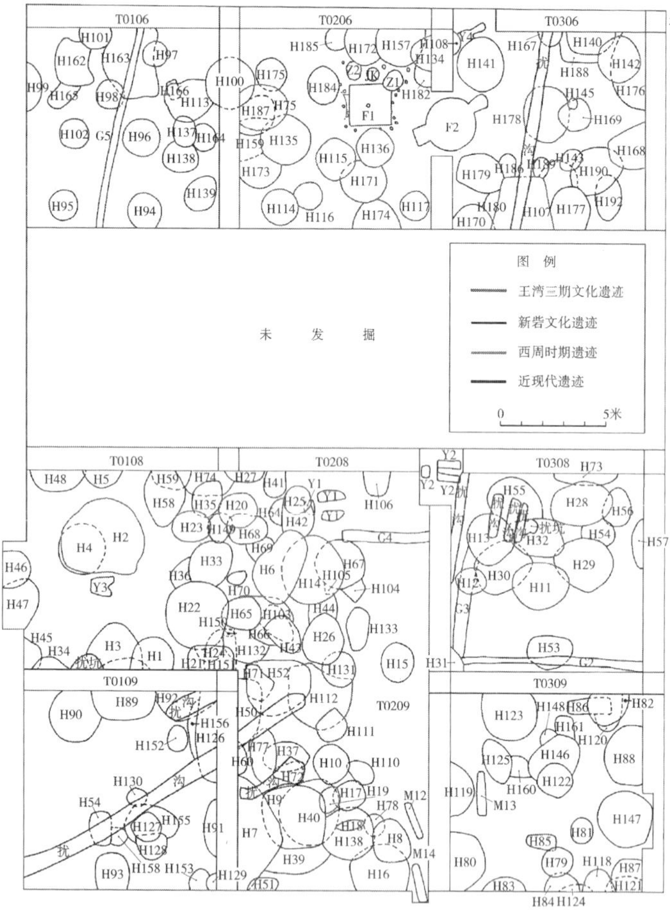

图八 新砦遗址发掘区平面图

及聚落群的演变提供了全面的背景资料，为新砦遗址和夏文化研究，以及文明起源的研究提供了帮助，也为新砦遗址进一步的考古发掘奠定了基础。

鉴于溱洧流域考古学文化分布区域和面貌的相对独立性，该课题进行的聚落考古调查范围，主要包括西自登封、中经新密市大部、东至新郑市西部的双洎河上游地区，其中包括洧水和溱水两条河流交汇处的以西、以北地区，即洧水和溱水流域。此次考古调查共发现裴李岗文化至西周时期的古遗址 88 处。

四、新砦遗址聚落考古的展望

对于新砦遗址未来的展望，主要有追寻公共墓地、探寻手工业作坊区、探寻农业区三个方面。

经过 20 多年的发掘和研究，新砦遗址的研究取得了一定成绩，但是仍面临不少亟待解决的问题。在聚落形态方面，目前已经分别在现已发现的城壕以外见到有新砦期文化的灰坑和地层，那么，在新砦遗址外是否另有更大的防御圈？此外，新砦城址历经龙山文化晚期和新砦期，至少有 100 多年以上的时间是作为大型城邑来使用的，应该有专门的墓地埋葬死者。公共墓地是规划出来供埋葬死者之用的土地，能够反映当时的地理条件、宗教信仰、社会观念，并会体现出美学和卫生上的考虑。在大多数文化形态中，为死者提供葬身之地是家族的义务，因为人们普遍相信，人虽死而亲缘关系犹存，探寻公共墓地有助于我们了解那时的聚落单位构成。所以，寻找墓地应是下一阶段的主要目标之一。有关聚落群的调查，2008—2009 年的田野调查新发现数十处史前遗址，这批调查材料亟须细致整理。在多学科合作方面，有必要开展陶器成分分析，帮助确认那些带有外地因素的陶器究竟是不是本地制作的，大量出土的石器和玉器的来源在哪里。如果能在新砦遗址中发现更多手工业作坊区，不仅可以揭示奴隶社会时期的分工，也能为我们了解那个时代提供更多更详细的物质生产资料。人类的食谱分析已经做了一些，但是数量太少，应该加大工作量。因此，加强对农业区的探索就成了必要内容。

目前聚落考古已经成为我国田野考古普遍采用的方法之一，多学科合作也呈现日新月异之势。在新砦遗址的发掘中，利用聚落考古这一田野工作方法，目前已初步做过一些有益的探索，今后我们还应该结合实践进一步归纳、总结，以期对大型遗址聚落考古的理论方法做出积极的贡献。

第六讲

二里头都邑的聚落考古研究

主讲人：赵海涛　中国社会科学院考古研究所副研究员

讲座时间：2021 年 7 月 20 日

讲座地点：第四届河南大学夏文化暑期研讨班

整理人：王仲奇　河南大学历史文化学院 2018 级考古学本科生

本讲回顾了二里头都邑布局的认识历程，补充了一些有关二里头都邑布局的新认识，并在系统梳理二里头都邑布局演变的基础上考察了二里头王权的动态发展历程。

一、二里头都邑布局的认识历程

二里头遗址的聚落考古学研究起步比较晚。通过勘探，二里头遗址现存面积 300 万平方米，1959 年以来共发掘将近 5 万平方米。（图一）目前的发掘主要集中在宫殿区及宫殿区南北一线、东西一线。宫殿区共发掘 2 万余平方米，是发掘最多的地方。从聚落形态的角度探索二里头都邑布局，可以研究当时的社会结构、等级划分，以及规划思想、礼仪制度、统治模式等，这些重大问题对于夏代历史研究至关重要。

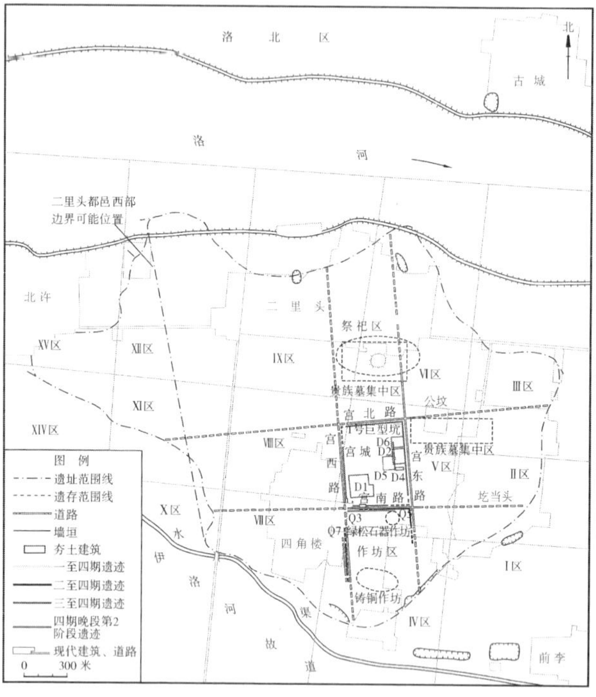

图一　二里头遗址总平面示意图

（采自赵海涛：《二里头都邑聚落形态新识》，《考古》2020 年第 8 期）

二里头遗址考古工作经历了三个阶段：

第一阶段，1959—1979 年。这一阶段主要了解了二里头文化的分期、内涵和性质，发现了一号宫殿，发掘了铸铜作坊的一部分和一些贵族墓葬，亦有一些其他的重要遗迹遗物。

二里头文化划分成四期的分期方案在此一阶段初步形成，从而确立了二里头文化的时间框架，明确其处于龙山文化与早商文化之间的年代限定，为其他遗址建立时间框架提供了参照。一号宫殿、二号宫殿、铸铜作坊、随葬青铜器玉器的贵族墓葬的发现确立了二里头遗址作为中国早期国家都城遗存的重要学术地位，为夏商考古、历史研究提供了极佳的资料。

第二阶段，1980—1998 年。这一阶段主动发掘与配合基建的被动发掘相结合，在分期方面继续进行细化。严密的地层关系和丰富的实物遗存，让四期的分期方案更加细化，每期分早晚两段。郑光先生则将每期分早中晚三段，每段又分早中晚。在分期细化的基础上，我们可以在更加精细的时间刻度上深化对二里头文化的研究。这一阶段还发掘了铸铜作坊的大部分，发现更多重要的铸铜遗存，确认了铸铜作坊的位置、重要内涵；新发现了制骨作坊、祭祀遗存和一批中小型房址、中小型墓葬，出土了数量可观的铜器、玉器。

第三阶段，1999 年以来。许宏先生在担任二里头工作队队长时，通过勘探确定了二里头遗址的现存范围为 300 万平方米；以 1972 年发现的道路为线索，发现了宫城区的主干道路网络，围垣作坊区、绿松石器加工作坊；在宫殿区发现了成组的夯土建筑，中轴线布局宫殿建筑群、多进院落宫殿建筑群。《二里头遗址聚落形态的初步考察》《二里头（1999—2006）》等报告中公布了大量的聚落考古信息，《二里头考古六十年》一书中也有对二里头遗址聚落形态的新认识。总的来说，1999—2006 年，对二里头遗址的聚落研究着力较多，成果丰硕，深化了对二里头遗址重要性的认识，为研究二里头遗址政治制度等方面奠定了坚实的基础。2010 年在聚落形态方面又有了一些新的发现。

二、都邑布局的新认识

二里头遗址可分为中心区和一般居住活动区两大部分。中心区位于遗址的东南部至中部一带，由宫殿区、铸铜作坊区、祭祀活动区和若干贵族聚居区组成。一般居住活动区位于遗址的西部和北部。在二里头遗址300万平方米的范围内，早在仰韶文化晚期就有先民在此居住、生活，但遗存范围较小，大致沿着古伊洛河分布。龙山文化时期大致与仰韶文化晚期情况类似。二里头文化一期遗存见于Ⅱ—Ⅵ、Ⅷ、Ⅸ等区，范围逾100万平方米。二里头文化二期遗存基本上遍布已发掘区域，文化堆积丰厚。中心区出现了主干道路系统，宫殿区已经出现，铸铜作坊、绿松石器加工作坊、贵族墓葬等作为都城的要素已经具备并一直延续到四期。目前我们对二里头遗址的总体布局有了较为清晰的认识，但仍然是框架性的，其中的细节仍然需要补充完善。

为了深化对二里头遗址布局的认识，自2010年开始，二里头工作队从宫殿区的东北角开始开展普探工作。每1.5米一个探孔，“十”字形布孔，详细记录每个探孔的相关情况和三维坐标，收集较为重要探孔中的土样以便后续研究。

在宫殿区东北角，考古人员发现了一个约2200平方米的大坑，编号为1号巨型坑。其距离宫城的东墙和北墙4—6米，平面近似圆角长方形，深度4—7米。坑内存在二里头文化一期晚段到四期晚段的连续堆积，其中二期遗存最为丰富，发现有多处用猪祭祀遗迹。这些猪骨虽然朝向不一，但摆放姿势相似且较为规整。坑内还发现了四期时长期踩踏形成的路面。1 号巨型坑很可能是为修建大型夯土工程而取土形成的，在坑内有长期使用猪骨进行祭祀的现象，这为认识二里头遗址都邑的布局、探索宫殿区内大型夯土建筑的用土来源、研究二里头遗址早期国家祭祀制度和偃师商城相关祭祀制度的源头等提供了重要新资料和线索。

距离宫殿区北部 200 米左右，在东西两三百米、南北一二百米的区域内，考古人员发现了祭祀遗存，应为 20 世纪八九十年代发掘的。该遗存呈圆形，其中一处直径 8—9 米，整体是个大圆，中间由不同的土组成三圈同心圆，中心 1 个，第二圈 6 个，最外圈残存 11 个，根据间距推测可能有 15 个，同出的还有墓葬。这些遗存应与祭祀类遗存“坛”有关。（图二）

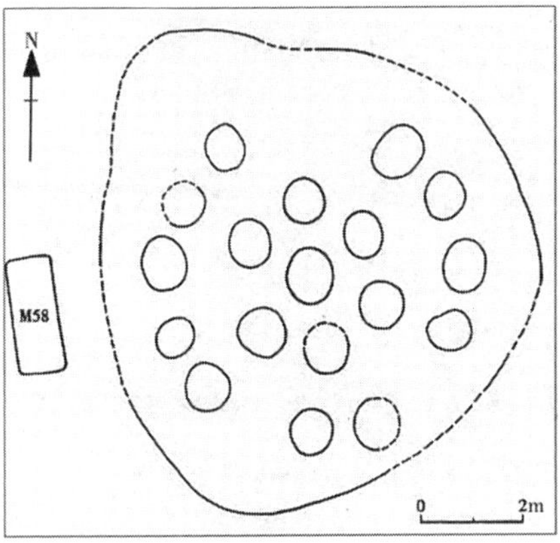

图二　祭坛平面图

（采自杜金鹏：《二里头遗址第二期考古的主要成就》，《中原文物》2020 年第 4 期）

祭祀区的位置一个是在宫殿区东北角，另一个是在宫殿区北部的中轴线区域，由此可见祭祀活动的重要性及祭祀阶层的地位较高。

在宫殿区东北部，考古人员发掘了5号基址，它与之前发掘的3号基址是东西并列的。5号基址在3号基址西边，其上没有被晚期夯土建筑叠压，所以布局较为清晰。（图三）

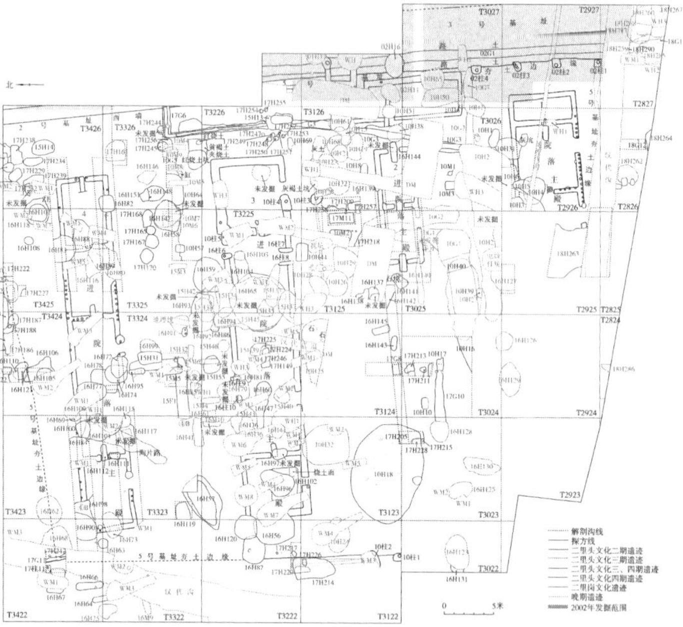

图三　5号基址发掘探方及遗迹平面图

（中国社会科学院考古研究所二里头工作队：《河南偃师市二里头遗址宫殿区5号基址发掘简报》，《考古》2020年第1期）

5号基址总面积超过2770平方米，整体上是一个大的夯土台基，台基上有木骨泥墙筑成的4排建筑。台基最上层夯土东西宽约48米，南北长度超过57米。建筑坐北朝南，方向约为南偏东4.5度，由至少四进院落组成，台基以东、以北、以西有路土活动面。每进院落包括主殿和院内路土，主殿以窄墙间隔成不同的房间。第一排建筑至少有3间，第二排建筑只有2间，第三、四排建筑为5间。第一、二、三排建筑皆有南北门道，第四排建筑仅南边有门道。这个夯土建筑有些特殊的地方就是许多南北向的墙有缺口，又用与它垂直的墙把缺口挡起来。现在还没研究清楚这么做的原因，这是一个值得注意的现象。

在5号基址中还发现了3排5座贵族墓葬。为了套取三进院落中的贵族墓葬，考古人员对墓葬周边进行了解剖，解剖发现5号基址的夯土质量非常好。5号基址夯筑时应是先挖一个大型基坑，底下如果是生土则挖得较浅，如果是灰坑则挖得较深，并对灰坑的填土进行了清理，平整坑底，然后就近利用清理出的灰坑填土逐层夯筑。夯层较薄，一般6—8厘米。夯打工具有三种：一是将9根直径3—4厘米的木棍捆在一起进行夯打，夯窝规整，此种工具使用较少；二是用较平的石块进行夯打，该种情况较多；三是用鹅卵石进行夯打，夯窝不规整。

这座墓葬墓口距离地表0.86米，南北长1.67米，宽0.55—0.68米，深0.73米，方向357度。墓底铺有较厚朱砂，出土有包括漆器、玉器、陶器等在内的30余件随葬品。随葬的铜铃较小，大约7厘米，下葬时用纺织品包裹。当然以往还发现有更小的2厘米多的铜铃，明显是小孩用的。随葬的玉器断成两半，应该是下葬之前就已经断裂，断口有打磨痕迹。现代墓葬把这座墓的东北角破坏了一部分。在现代墓葬的填土中发现了绿松石珠、圆形铜片、一些海贝和直径约5厘米的圆方形绿松石器物。

在宫殿区东边，考古人员也发掘了两座贵族墓葬。这两座墓葬的发掘十分精细，每揭露一层就拍照做三维模型，也提取了很多样品，邓聪先生还专门从香港过来帮助拍照和研究。

一座墓葬距离宫城东墙 120 米左右，为二里头文化四期晚段墓葬，墓口长 2.5 米，宽 1.1 米，保存情况较好，有打碎器物随葬的葬俗。墓中无棺，底部铺有木板，木板上刷漆铺席，席上撒朱砂，再放各种随葬品，其中有玉刀 2 件。这座墓葬中没有发现人骨，但因为它与之前发掘的带有人骨的墓葬随葬品相似，所以我们认为它就是一座墓葬。

另一座墓葬距离宫殿区东缘 200 米左右，为二里头文化二期早段的墓葬，目前正在博物馆中展出。这座墓葬仅保留了 20 厘米左右的深度，其上方被四期晚段的一座夯土建筑削掉了。这正是二里头遗址布局的一个特点，没有明确的墓葬区，墓葬与居址往往是在一起的。墓中有朱砂、漆觚和玉柄形器，玉柄形器有后石家河文化风格的神面形象。中原王朝行祼礼时玉柄形器和漆觚共同出现，配套使用。墓葬中随葬有类似绿松石龙形器的随葬品，但保存状况较差，可能在下葬之前就已经散乱，还有一些随葬的陶器和一件铜铃，铜铃位于类似绿松石龙形器旁边。目前来看，绿松石龙形器、铜牌饰、大型绿松石拼嵌器物都与铜铃共同出现，可能是在祭祀过程中起到引导灵魂升天的作用。诗经中讲周王祭祀宗庙的时候有“龙旂阳阳，和铃央央”，二里头遗址中的“龙”和“铃”可能也有这样的用途。

在道路系统划分成的各个区域中皆有贵族墓葬被发现，墓葬和夯土建筑距离较近，说明有居葬合一的传统。

2004—2006 年，考古人员发现了作坊区的北墙、东墙，

2012 年为了寻找作坊区西墙和了解宫殿区西边道路向南延伸的情况，在作坊区的西边开了多条解剖沟，发现了南北向的道路和夯土墙。该道路与宫殿区西侧的道路南北成一直线，应是同一条道路，夯土墙与宫城西墙平行，位于道路西侧。宫殿区的围墙，作坊区已经发现的北墙、东墙，都在道路系统所围成空间的内侧，而夯土墙位于道路系统所围成空间的外侧，因此推测它不是作坊区的西墙。

以往在“井”字形道路网络划分的多个区域都发现有贵族墓葬和夯土建筑，宫殿区东部、北部发现的较多；其他区域发现的贵族墓葬和夯土建筑较少，但也有所发现。西北区也发现有贵族墓葬和夯土建筑，东南区域没有经过发掘，但是经过钻探有大量的保存较好的夯土。1975 年，在作坊区西边，农民发现并上交了目前唯一的乳钉纹铜爵、七孔玉刀，一件牙璋、玉钺，它们极有可能出自同一墓葬。经过勘探发现，该区域有大面积的夯土，应该也是贵族聚居区。综合以上情况，我们推测作坊区以西的贵族聚居区外围可能有围墙，由此进一步推测“井”字形道路网络划分的多个贵族聚居区外围可能都有围墙。

2019 年，“井”字形道路的西南路口的民房被拆除后，考古人员以此区域作为突破口进行了大面积发掘。此次发掘是为了了解“井”字形道路的西南路口处的遗存分布情况，寻找宫城的西南角、作坊区的西北角，以及验证其他区域外围是否也有围墙。发掘的结果较为理想，宫城西墙的南端、南墙的西端都保存较好。作坊区的西北角也找到了，基本上与宫城的南墙平行，与西墙成一条直线，这样就可以确认 2012 年发现的夯土墙不是作坊区的西墙，而是作坊区西边区域的东墙。另外考古人员还发现了宫殿区西边区域围墙的东南拐角；作坊区西边区域的拐角已被破坏，但发现该区域东西向的墙与作坊区的北墙成一条直线。宫殿区南北两条东西向道路的东边和西边都有更长的道路和围墙，尤其是东西向道路向西延伸的长度超过 400 米，道路两侧都有围墙，它远远超过了宫殿区东西 290 多米的宽度，说明西边区域很可能至少有一条南北向的道路。通过勘探发现，这条南北向道路宽度近 30 米，远远超过了“井”字形道路其他部分的宽度，并且在这条道路附近还发现了许多制陶遗存。因此，这条道路可能是制陶遗存内部的道路，而划分区域的南北向道路有待于进一步探索。

在围垣作坊区，考古人员发现了东、西、北墙和两个拐角，尚未发现南墙。根据钻探来看，南边有一条大沟。铸铜作坊位于伊洛河附近，可能和铸铜过程中需要大量用水有关。围垣作坊中还有大规模的绿松石器加工作坊。由于东汉以后遗址遭破坏严重，其他作坊的线索尚没有被发现。

2004 年，为了寻找宫殿区南墙，考古人员向南寻找发现了围垣作坊区的北墙，在发掘北墙的过程中发现了一个沟中有许多淤泥淤沙，推测这是加工打磨绿松石后冲刷废物形成的。与沟相连的坑中有 3000 多粒绿松石料，这可推测出旁边应该有一个加工打磨绿松石器的场所。据邓聪先生研究，坑中的绿松石多为原料、毛坯、半成品，也有少量废料、成品，还有一件残次品。在周围进行钻探、解剖后，考古人员推测绿松石器加工作坊面积不小于 1000 平方米，自二里头文化二期一直沿用到四期晚段，甚至在二里头都城废弃后仍在使用。

铸铜作坊面积为 15000—20000 平方米，出土了很多铸铜遗物，如陶范、坩埚、铜渣和铜块等，还有烧烤陶范的陶窑和浇铸场等，规模很大。铸铜作坊从二里头文化二期开始使用，大批青铜礼器应该都是在此制造的。其中一件陶范保存较好，带有花纹，根据其弧度复原可知其所制作的青铜容器口部直径可达 30 厘米。二里头遗址尚未发现这么大的青铜器，也没有发现带有这些花纹的青铜器，也就是说二里头遗址中最高等级的墓葬尚未被发现。

根据历年的发现，加工石器、骨器、角器、绿松石的原料、工具、半成品在多个区域里都有分布。我们认为，除了宫殿区南边有一个大规模的围垣作坊区，包括宫殿区在内的多个区域也零星进行着手工业加工，形成了大规模作坊与小型加工点并存的格局。

二里头都邑的主体要素是同时期所独有的，包括“井”字形主干道路网络系统、宫城宫殿区、祭祀区、贵族聚居和墓葬区、官营手工业作坊区等一系列高规格的遗迹遗物。

整个都邑依托“井”字形主干道形成网格式布局，由北向南祭祀区、宫殿区、官营作坊区组成了网格式布局的中轴带，中轴带的东、西两侧是贵族的聚居和埋葬区。围绕宫殿区各个遗迹形成向心分布的格局，重要功能区靠近宫殿区分布，离宫殿区越远其重要性越弱。

二里头都邑中心区布局非常严谨，但是整个遗址范围非常不规整。当然这是通过勘探确定的，而且经过后世伊洛河的冲刷形成现在的形态。二里头都邑原来的边界应该也是十分规整的，不排除存在城墙、壕沟等防御设施的可能，但是目前还没有发现。这样一个严谨的格局，非常符合“择天下之中而立国，择国之中而立宫，择宫之中而立庙”的都城规划特点。

宫殿区居于核心，显示了王权的至高无上、高度集中。除宫殿区、作坊区以外的多个区域外侧也以围墙间隔、防护，表明其很重要。历年在其中多个网格内，考古人员发现有不同等级的建筑和墓葬，每个网格应属不同人群，表明二里头都邑极可能已出现了分区而居、区外设墙、居葬合一的布局。严谨、规整的规划布局显示出当时社会结构分明、等级明显，统治格局井然有序，暗示当时有成熟发达的统治制度和模式，是进入王朝国家的最重要标志。

三、二里头都邑布局的演变

二里头文化一期遗址面积约 100 万平方米，其中有一些高规格的遗存，如随葬有绿松石、铜块和陶礼器的墓葬，此时二里头都邑应该是一个中心聚落。

二里头文化二期时，整个遗址 300 万平方米内都有相关遗存分布。中心区出现了“井”字形主干道路网络系统。宫殿区发现了以 3 号、5 号为代表的多进院落夯土建筑。祭祀区出现有祭祀遗存。作坊区的铸铜作坊、绿松石器加工作坊都开始进行器物加工与生产。贵族聚居区形成，出现贵族墓葬和夯土建筑。二里头文化早期仅仅是道路系统划分网格，到二期的最晚阶段，宫殿区和作坊区的围墙已开始修建。在此之前，二里头遗址的布局呈现相对开放的特征：宫殿区外无围墙，单个夯土建筑外围也无围墙，夯土建筑院内还有贵族墓葬；墓葬中出现绿松石龙形器、铜铃、绿松石铜牌饰、玉柄形器等高规格遗物；3 号基址和 5 号基址东西并列，二者中间以通道和暗渠间隔，均发现有贵族墓葬。

二里头文化三期时，聚落布局发生了较大变化，三期早段或在二、三期之交整个宫殿区外围都建成了围墙。单个夯土建筑外也修建了围墙，由以前的多进院落式转变为四面有围墙、主殿在里面的四合院式布局。祭祀区、作坊区、贵族聚居和墓葬区出现了更多遗存，出现了更多的青铜、玉礼器，并首次铸造出青铜爵等复杂的青铜礼器，牙璋、玉刀等大型玉礼器也出现了。整个都邑的发展更加繁荣。三期直到四期晚段第 1 阶段，都邑的整体布局没有变化，持续繁荣。此一时期贵族墓葬增多，青铜礼器器类增多，体量增大，如铜斝、铜盉等更加复杂的青铜礼容器出现，爵的体量增大。

二里头文化四期晚段第 2 阶段，二里头都邑发生了巨大的变化。作为都邑主体要素的“井”字形道路网络、宫城城墙、1 号和 2 号基址遭到一些坑和墓葬的破坏。

整个 1 号基址有 15000 平方米，占宫殿区的七分之一，是大型礼仪性建筑。在其使用期间其他垃圾坑绝对不允许出现；一旦出现，应该表明它已遭到破坏，不再发挥政治作用，其所代表的政权被推翻了。墓葬 VM51，灰坑 VH73、VH1、VH6、VH81 破坏了 1 号基址的边缘部分。灰坑 VH73 出土有下七垣文化特征的薄胎卷沿细绳纹鬲，灰坑 VH81 出土有岳石文化特征的夹砂褐陶。1 号基址周围也有多座四期晚段的灰坑，水井出土有下七垣文化和岳石文化特征的陶器。

根据之前对二里头遗址各期陶器构成的研究，在四期晚段之前二里头遗址范围内下七垣文化、岳石文化特征的陶器极少，到四期晚段开始大规模出现。这说明岳石文化、下七垣文化所代表的人群进入二里头都邑参与了破坏。岳石文化、下七垣文化遗存的大量出现是二里头都邑遭废弃的重要标志。

除1号基址外，其他区域也都可以见到此类外来因素。2号基址、4号基址同样遭到破坏。在破坏的同时，新的夯土建筑也在修建、使用。

6号基址面积约2500平方米，考古人员开了十多条解剖沟，发现早于建筑夯土的单位中出土的最晚的、建筑夯土中出土的陶片及打破夯土的灰坑中出土的陶片均是四期晚段的，确凿的层位关系证明，6号基址的修建、使用和废弃都在四期晚段。其中一个解剖沟早于6号基址的遗存单位中，陶片年代最晚的为四期晚段，且出土有第2阶段才出现的下七垣文化和岳石文化器物。这些遗物表明6号基址的建造年代不早于四期晚段第2阶段，是在下七垣文化和岳石文化因素大规模出现之后修建的。6号基址的整体布局不太规整，非中轴对称，北侧主殿和西侧无围墙、廊庑，主殿直接面向外面，东侧、南侧有围墙而无廊庑。这与二里头都邑的大型夯土基址或为中轴对称，周边有围墙、廊庑的庭院式建筑，如1号和2号基址，或为单体长方形夯土基址，如4号、7—10号基址大不相同；反而是和偃师商城、洹北商城、安阳殷墟的大型夯土基址的建筑格局有更多相似之处。这表明6号基址极可能和偃师商城、洹北商城的主人属于同一系统。

10号基址位于宫殿区南侧道路东段之上。10号基址相关的遗迹中，均未出土下七垣文化和岳石文化遗物，但是10号基址建造于作为都邑重要组成部分的宫城南侧道路之上，破坏了主要道路系统和都邑的框架。由此推测，10号基址的修建、使用和废弃均是在二里头都邑遭废弃之后。

绿松石料坑被四期晚段的灰坑破坏，且早于绿松石料坑的灰坑中出土有岳石文化特征的四期晚段第 2 阶段陶器，可见该绿松石器加工作坊在二里头都邑遭废弃后仍在使用。宫殿区东部的两件青铜器，经多位专家分析其加工工艺，认为其已经进入二里冈阶段即商代早期。

这一阶段二里头遗址变动剧烈，二里头都邑一边遭到破坏，一边外来文化所代表的人群正修建新的建筑，沿用绿松石器加工作坊、铸铜作坊等重要生产部门。通过观察这些发生在二里头文化四期晚段第 2 阶段的变化，我们推测这与夏商更替有关。

四、二里头王权的动态发展

在系统梳理二里头都邑布局演变的基础上，我们可以考察出二里头王权的动态发展历程。

二里头遗址中二里头文化二、三期之间的聚落总体布局由相对开放转向相对封闭，但自二期开始到四期晚段第 1 阶段，二里头都邑主体因素是传承不变的，如道路系统划定的基本框架、建筑朝向、二里头文化二期形成的陶器组合及所见主要器类一脉相承。聚落总体布局由开放性到封闭性的变化，可能与统治阶层内部的规划理念、政治理念的变化有关，也可能是都邑内部不同人群掌权所导致，这还需要进一步研究。

二里头文化四期晚段可划分出 4 个小段：第 1 阶段，二、三期建立的二里头都邑主体要素仍正常使用；第 2 阶段，除作坊区仍发挥功能并出现新的绿松石器加工作坊外，其余表现二里头都邑主体要素的设施均受到不同程度的破坏并遭废弃，同时下七垣和岳石文化遗物在二里头都邑的中心区大规模出现；第3阶段，修建了新的大型夯土基址和绿松石器加工作坊，铸铜作坊继续使用，6号基址可能是为了监督铸铜作坊、绿松石器加工作坊继续生产而修建的；第4阶段，新修建的大型夯土基址和绿松石器加工作坊遭到破坏并废弃。

与二里头都邑遭废弃的同时，二里头遗址中心区出现较多下七垣和岳石文化遗物，偃师商城兴起。二里头遗址四期晚段第2阶段新建的10号基址、与二里冈和洹北商城风格更接近的6号基址、铸铜作坊和绿松石器加工作坊继续使用，这些变化当与二里冈政权建立之初，尚未掌握青铜器铸造技术而建成自己的青铜器铸造作坊，还需要使用二里头都邑的铸造作坊和工匠有关。到二里冈下层二期、偃师商城第2段，在郑州南关外和偃师商城建立起了自己的铸铜作坊后，二里头都邑的铸铜作坊便失去了存在的意义，二里头都邑也彻底沦为一般性聚落。殷墟遗址的情况也大致如此。

与二里头文化四期晚段第2阶段二里头都邑主体要素的废弃和灭失相似，郑州地区的大师姑和望京楼两处二里头文化城址也相继被废弃，表明以它们为代表的二里头文化、政权因突发事件而同时、整体衰落。这可能与夏商王朝更替有着密切的关系。当然严谨地说，这也是一种假说和推论。

第七讲

夏代东方的考古学文化

主讲人：方辉　山东大学历史文化学院教授、院长

讲座时间：2021 年 7 月 22 日

讲座地点：第四届河南大学夏文化暑期研讨班

整理人：赵芯碧　河南大学历史文化学院 2020 级考古学硕士研究生

较长一个时期以来，由于考古材料较少的原因，对夏代东方的考古研究一直没有很大的进展。近年来，在鲁西地区有了新的考古发现，如菏泽十里铺北、青邱堌堆等遗址发现了比较丰富的岳石文化遗存，为重新审视夏代东方的考古学文化提供了新资料。本讲主要涉及两方面的内容：一是夏代及其文化，二是夏代的东方及其考古学文化。

一、夏代及其文化

这里首先介绍两本有关夏文化的最新著作，一是孙庆伟先生的《追迹三代》，二是许宏先生等主编的《二里头考古六十年》。这两部书都是对夏文化研究学术史的梳理，但各自在内容上有所侧重。《追迹三代》这部书在时间和空间两个维度的研究都更加广一点，主要谈夏文化的性质，不但涉及夏文化，也包括与夏文化相关的其他区域；《二里头考古六十年》则聚焦了二里头遗址与二里头文化，综合性研究进展也介绍较多。这两部书都比较全面地对夏文化和不同程度地对先商文化及岳石文化进行了探讨。

孙庆伟先生认为："夏代历史是真实可信的，存在于公元前21世纪至前17世纪；夏文化主要分布于豫西地区。"《二里头考古六十年》这部书中与古史性质直接相关的是第三章第二节中有关二里头文化"绝对年代"的论述。尤其对二里头文化绝对年代的认识的进一步细化方案是在"夏商周断代工程""中华文明探源工程"的基础上得以提出的。这一方案认为，二里头文化一期的年代为公元前1750—前1680年，四期的年代为公元前1569—前1520年，并给出了一张《夏商西周碳十四测定的考古年代框架示意图》，对与夏文化、早商文化关系密切的几处遗址及其古史属性做了年代对应。这部书对二里头文化一到四期的年代做了明确的界定，在年代学的研究方面做得较为详尽。对于碳十四测年，学术界诸学者虽各有不同看法，但是无论如何，碳十四测年的结果对考古学界、历史学界还是产生了很大的影响，这也是目前为止学术界研究夏文化主要的年代学依据。

夏文化的研究在我国有很长的历史，几乎与中国考古学的历史同步。20 世纪 20—40 年代，许多假说已经出现，如仰韶文化夏文化说、黑陶文化夏文化说等。20 世纪 50 年代，徐旭生先生的“夏墟”调查成为夏文化研究的转折点，这次调查发现了二里头遗址。20 世纪 60 年代以来，二里头文化成为夏文化探索的一个重点，学术界围绕“二里头文化哪些期段是夏文化”这一问题展开了激烈的讨论。总的来说，在近百年历史中，随着考古学资料的不断积累，有关夏文化探索的话题越来越引起人们的兴趣，这个涉及王朝国家起源的问题吸引大家投入了很多的精力。

先商文化的探索同样拥有很长的历史。20 世纪 50 年代以前，王国维先生的《观堂集林·说自契至于成汤八迁》一文涉及商先公迁都的问题。徐旭生先生的《中国古史的传说时代》一书中尽管没有专门探讨商，但实际上在谈到东夷时涉及了商的历史，他的观点是商应该是和有虞氏、帝舜有关，地点是在豫东地区。实际上，徐旭生先生也是承认了豫东、鲁西地区是商先公的主要活动区域。20 世纪 60 年代，丁山先生的《商周史料考证》出版，实际上早在 20 世纪三四十年代，丁山先生就有一系列论文、著作说明其观点，他认为商先公的主要活动区域是在豫东、鲁西地区。这一观点也对考古学界有所影响，因此，在 20 世纪 70 年代时，豫东、鲁西地区的龙山文化便被统称为“先商文化”。20 世纪 80 年代以后，邹衡先生提出以冀南为中心的漳河型和分布在豫北地区的辉卫型、郑州地区的南关外型是先商文化的既有联系又有区别的三个类型。他系统地对先商文化进行了论述。邹衡先生对于先商文化的考证一定程度上受到了丁山先生的影响，但丁山先生认为先商文化的区域范围更大，实际上也包括了鲁北和冀东南一带。邹衡先生这一观点的提出对学术界的影响极大，并成为学术界的主流认识。李伯谦先生后来提出了“下七垣文化”说，实际上与邹衡先生的观点大致相同。与此同时，“商文化东来”说的观点也从未中断，张光直先生、栾丰实先生都曾撰文说明这一观点不宜轻易否定，就文献记载和近年来的考古材料看，这一观点还应该被重新审视。

2020 年，赵海涛先生在《考古》上发表的《二里头都邑聚落形态新识》一文中指出：“（二里头文化）四期晚段第 2 阶段，二里头都邑发生了巨大的变化。包括‘井’字形道路网络、宫城城墙、1 号和 2 号夯土建筑群等都邑主体要素大多遭到破坏，……来自下七垣文化和岳石文化的因素突然成组出现于二里头都邑，且破坏了 1 号夯土建筑等政治、礼仪性设施。新建的 6 号夯土建筑主殿外无围墙的布局，与 1 号基址群、2 号基址群的主殿位于围墙内的四合院式布局和单体长条形台基的布局均不相同，却与偃师商城宫殿区的多数夯土建筑、洹北商城宫殿区的夯土建筑在主殿外无围墙的布局相同；10 号夯土建筑破坏了‘“井”字形九宫格’式都邑格局，暗示 6 号、10 号夯土建筑的修建、使用者或为二里冈 - 洹北商城文化系统、二里冈政权的统治者。与此同时，郑州荥阳大师姑、东赵，新郑望京楼等二里头文化都邑均遭到破坏而废弃，偃师商城兴起于二里头都邑东北 6 公里，郑州商城持续兴盛。偃师商城和郑州商城的铸铜作坊尚未建成，二里头都邑的青铜器和绿松石器生产作坊仍在使用。这些很可能是下七垣文化、岳石文化所代表的政权毁灭并取代了二里头文化所代表的政权，是文献所载的夏商王朝更替的反映。”这篇文章更加证实了夏文化、夏王朝的存在，许宏先生和赵海涛先生都不约而同地将夏商更替的时间放在二里头文化四期中晚段。但是实际上多年来学术界一直存在“二里头文化三、四期为夏、商断限说”的观点，我对这一观点表示赞同。我的老师田昌五先生对这一观点的探索并不着眼于考古学中对器物变化的研究，而更加侧重对大型建筑基址损毁的研究，因为重要历史事件的发生，必然会在考古遗存中有所显现，现在看来，田先生的观点越来越值得重视。夏文化的上限显然应该追溯到龙山文化晚期，二里头文化（含新砦期）是后羿代夏之后的夏文化。相关考古发现与夏王朝文献记载比较吻合的地方主要体现在王都、宫殿、铸铜、龙的发现。综上所述，夏代东方的考古学文化应包括龙山文化、岳石文化和下七垣文化。

二、夏代的东方及其考古学文化

夏代纪年范围之内的东方地区考古学文化包括冀鲁豫地区的造律台类型（王油坊类型）、后冈二期文化、涧沟型，海岱地区的岳石文化，冀南豫北地区的下七垣文化（先商文化）、漳河型、辉卫型、南关外型及江淮地区的斗鸡台文化。斗鸡台文化一般认为是受岳石文化因素的影响结合当地的地方文化而形成，暂未有学者认为其与先商文化有关，但是安金槐先生曾提出南关外型可能与斗鸡台文化有关的观点，只是未对其展开论述。这样看来，斗鸡台文化也是先商文化研究过程中应该关注的一支考古学文化。

文献记载中夏代东方地区的族群较复杂。商先公时期有

13个王，《史记·殷本纪》中有相关记载。夏、商、东夷的关系不仅在文献中有所体现，也在甲骨上有所发现。商王朝在灭夏之前灭掉过一些夏王朝的与国，有关这一点，文献中有比较系统的记载。上述材料在我们研究先商文化时是应当参考的。所谓先商文化，指的是商汤建立商王朝以前的商文化。按照《史记·殷本纪》的记载，商朝的始祖为契，之后经过昭明、相土、昌若、曹圉、冥、振（王亥）、微、报丁、报乙、报丙、主壬、主癸、天乙等13个王，传至商汤。当然《史记·殷本纪》的记载也不能说是不可置疑的，因为在微之后，商王朝的王室出现了变化，有失载的可能性，但是无论如何，《史记·殷本纪》中所记载的先公都是有名号的。从微开始，出现用天干命名商王的习俗，这一习俗也出现在《史记·夏本纪》中。从这一点来说，夏和商在文化上有相通性。

按照早期文献记载，商人早期的历史和洪水有关。《商颂·长发》中载："洪水芒芒，禹敷下土方。……有娀方将，帝立子生商。"田昌五先生认为"'将'有降生之意"，并指出商与有娀氏有关。近代学者把"天降玄鸟，降而生商"与北方乃至东北民族联系起来，而实际上有娀氏的活动区域是在河北中部或稍偏北地区，商的族源产生与有娀氏有关或者与其联姻的说法，反映了商人的活动范围到达了河北中部甚至更北的区域。郭沫若和姜亮夫先生早就指出过，商人善于经商，商族的得名与此有关，他们的活动范围是相当大的。《国语·鲁语上》："冥勤其官而水死。""冥"又称玄冥，是水神，其在世的时间，按照文献记载应在大禹治水之后（大禹应与商王契大致同时期），冥的治水故事说明夏代时期的洪水不止一次。由此也可推测商先公生活的区域应该是处于深受水患困扰的区域，最大可能是在现在的商丘、菏泽等鲁西、豫东一带，这一区域受水患的危害最大。当然河北境内也有可能遭受水患，但因其地处太行山脉东麓，不太容易形成大的水患。由此观察，夏、商的分布区域应该比较接近，商族不应该起源于东北地区。

文献记载中曾多次提到“王亥服牛”事件，《周易·旅上九》提到“（王亥）丧牛于易”，“易”就是现在的易水，在河北中部地区。《山海经·大荒东经》中载：“王亥托于有易、河伯仆牛。有易杀王亥，取仆牛。”牛的使用大大加强了当时的运输能力，使商王朝在短期之内聚敛起大量的财富。王亥大概是商族第一个做远途贸易的人，商人之所以称“商”或与此有关。伴随着商业贸易所带来的财富积累，为了保护自己的财富，维护商业网络，战争的发生也是很正常的。清华简《保训》中记载：“昔微假中于河，以复有易。有易服厥罪。微无害，乃归中于河。”此中记载的便是微、有易氏与河伯的战争。大部分战争都发生于豫东、鲁西到河北这一地区，时间大概处在夏代中期，应该涉及先商文化的形成问题。这一地区的战争、贸易一定会对当地考古学文化造成影响。

牛不仅用于贸易，而且用于祭祀。商汤时期有文献明确记载用牛祭祀。《孟子·滕文公下》载：“汤居亳，与葛为邻，葛伯放而不祀。汤使人问之曰：‘何为不祀？’曰：‘无以供牺牲也。’汤使遗之牛羊。葛伯食之，又不以祀。”此记载说明商伐葛的借口就是葛国国君不使用牛羊祭祀祖先。最近林明昊等发表的论文“Pathological evidence reveals cattle traction in North China by the early 2nd millennium BC”（《骨病理证据揭示中国北方家牛使役历史可追溯至公元前两千年前》）说明，距今4000年前后牛在运输和农业生产中已经被使用是很明显的事实了。

张光直先生对于王国维先生的说法是深信不疑的，他相信先商文化豫东、商丘起源说，并从20世纪90年代开始尝试在豫东寻找先商文化。张光直先生对董作宾先生的殷历谱也很赞同，他认为征人方的地点是在黄河流域，途中路过商丘。所以张光直先生当时与中国社会科学院考古研究所张长寿、高天麟等先生在豫东地区展开了调查与发掘。他们在商丘山台寺遗址内发现一个祭祀坑，属当地龙山文化晚期五段。坑长、宽各3米多，深0.8米，坑内有互相叠压的9具牛骨架，还有1个鹿的上颌骨。这种一次性用9头牛祭祀的现象在龙山文化中是很罕见的，它为探索该文化与先商文化的关系提供了非常重要的线索。张长寿、张光直先生在《河南商丘地区殷商文明调查发掘初步报告》中认为："牛是大牢，一个祭祀坑里有九条牛，表现祭祀重要与祭祀者的地位非同一般。龙山文化遗址里面这个发现是没有前例的（按：实际上在早于山台寺遗址的平粮台遗址中已经发现用牛祭祀的现象），它或许说明龙山文化的一支，与其他地方的龙山文化向岳石文化的发展平行，在豫东发展出来由山台寺可以代表的一支特殊的晚期龙山或岳石文化，它就是殷商文明的前身。"随着考古发掘工作的不断推进，在其他地区也陆续发现使用牛祭祀的现象。在豫东、鲁西这一范围内，目前我们所知道的用整头牛来祭祀的区域恰恰就是先商文化的区域，如平粮台、景阳冈遗址等。这涉及陶器和信仰在族属判断中孰重孰轻的问题：代表一个王族的文化，到底是日用陶器重要还是信仰重要？如果从陶器来看，我们目前所知道的这一地区的考古学文化与我们所认识到的二里冈文化之间有一定的反差。但是陶器是当时平民使用比较多的器物，也是最容易发现、最容易构成年代序列的器物，因此它自然而然地成为考古学家的研究对象。我们研究夏商问题到底是研究王族的文化，还是研究族群、族众的文化？张光直先生早就发问："到底是什么样的东西更能解决考古学文化的族群问题？"

我们可以用两片明确记载有东夷祭祀用牲的甲骨刻辞，来说明祭祀信仰在族群内部的顽强的延续性，而且这种延续性并未随着人们所使用陶器的变化而改变。这两片刻辞分别见于明义士和金璋的收藏，分别收藏于多伦多加拿大皇家安大略博物馆和英国。我们之所以称其为"刻辞"而非"卜辞"，就是从其记载的内容来看，它们并不是用来占卜的。藏于英国的刻辞内容为："（东夷）有曰：千森，王𣪊于之，八犬八豕、四羊青四。卯于东方析，三牛、三羊青三。"明藏刻辞内容为："东夷有曰：千森，余𣪊青四。"（图一）"析"是商代的东方风神，刻辞记载的是商人祭祀东方风神的用牲情况。其中把犬作为最重要的祭牲，反映的恰恰是东夷人的习俗。高广仁、邵望平两位先生早就写过有关东夷犬灵崇拜的文章，过去认为这种习俗可追溯到大汶口文化时期，现在看来更可追溯到贾湖文化时期。尽管"卯祭"和"𣪊祭"是商人的习俗，但在用牲方面把犬放在首位，代表的应该是东夷的祭祀习俗。东夷人与商人在祭牲的数量上是不同的，东夷人祭祀所用牺牲数量是偶数，而商人则是奇数。

冈村秀典先生在《商代的动物牺牲》中指出："从猪优位到牛优位的转变，大约发生在二里冈文化时期。"冈村先生观察的时候，有关山台寺遗址的牛坑的报告还没有发表。

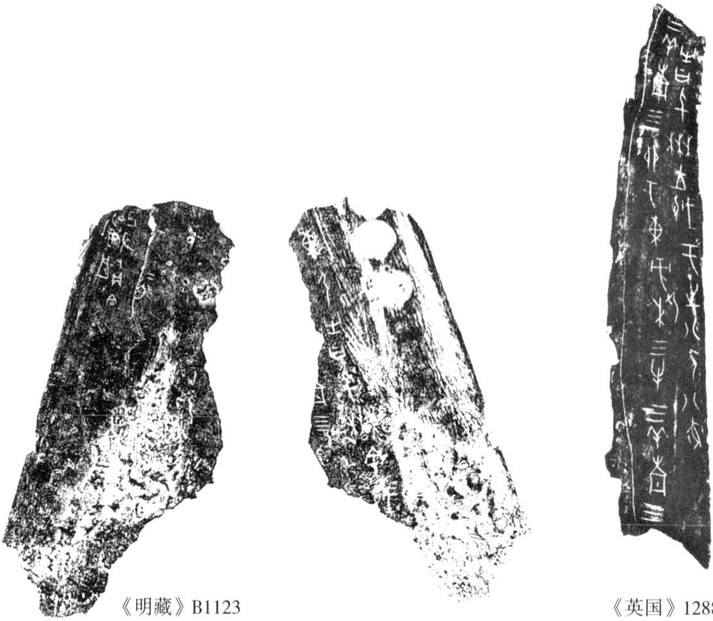

《明藏》B1123　　《英国》1288

图一　东夷祭祀用牲刻辞

二里冈文化时期确实把牛看得最重要，这恰恰是商周祭祀文化中“太牢”的来源，如果追溯二里冈文化这一支源头的话，就应该追溯到鲁东、豫西地区的龙山文化。“发生转变，是因为通过荡尽这巨大的财富，能使主办这种祭祀的王的权威变得很高。”这是从人类学的角度来解读这一现象，像玉器、青铜器一样，牛也是显示统治者财富、威望的一种载体。从信仰上来说，这种传承是由来已久的。至少从龙山文化中晚期，用牛祭祀的习俗就已经产生，二里冈祭祀文化中牛优位现象的来源，应当到龙山文化中去寻找。至少从这一点上来说，这一地区的龙山文化应该是先商文化，或先商文化的早期阶段。

我们现在发现用牛祭祀的遗址都是龙山文化时期的，为什么岳石文化、下七垣文化时期的遗址中没有发现牛牲？其原因是发掘的遗址过少，我们现在所掌握的发掘材料还不够全面。但是就已发掘的遗址来说，至少豫东、鲁西地区的龙山文化应该是先商文化的早期或者是早期先商文化。探讨先商文化不能排除豫东、鲁西地区龙山文化的可能性，未来在这一地区的龙山文化、岳石文化乃至下七垣文化遗存中发现用牛祭祀的情况，其可能性是很大的。

2021 年 7 月 16 日在山东菏泽召开的青邱堌堆遗址 2021 年度考古成果现场论证会，颠覆了我们对鲁西地区岳石文化的认识。过去我们利用青邱堌堆遗址的发掘材料，只来认识鲁西地区的岳石文化，但其实这一时期考古学文化的多样性比我们想象中的要复杂得多。青邱堌堆遗址所出土的岳石文化器物并不典型，缺少东中部地区常见的尊形器、高直口盉、蘑菇纽器盖、杯口纽器盖等典型器物，绳纹、篮纹、方格纹等纹饰常见，与典型的岳石文化形成很大的反差。与此同时，青邱堌堆遗址所出土的岳石文化器物，其北方的下七垣文化和西方的二里头文化因素突出。属于前者的卷沿绳纹鬲、橄榄形罐等，属于后者的陶爵（图二、三）、小口瓮（图四）等，均非个别存在。这种情况在定陶十里铺北遗址岳石文化遗存中也有一定反映。过去学者们为二里头时代的夷、夏、商划出的分界线，现在看来并非那么清晰可辨。三者在豫东、鲁西地区的存在，可能并非一成不变。这或许反映了先商文化晚期，商先公活动区域非常广大，并不单单是从本地区龙山文化延续下来的。

青邱堌堆遗址所反映的鲁西地区岳石文化的复杂性，其原因除了与商先公活动频繁有关，还可能与这一时期不同族

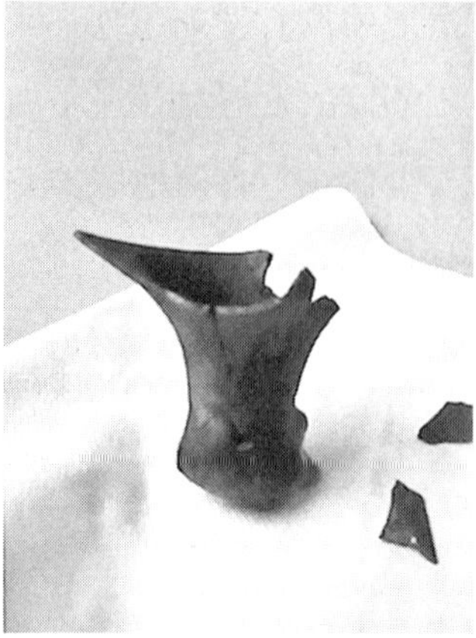

图二　陶爵

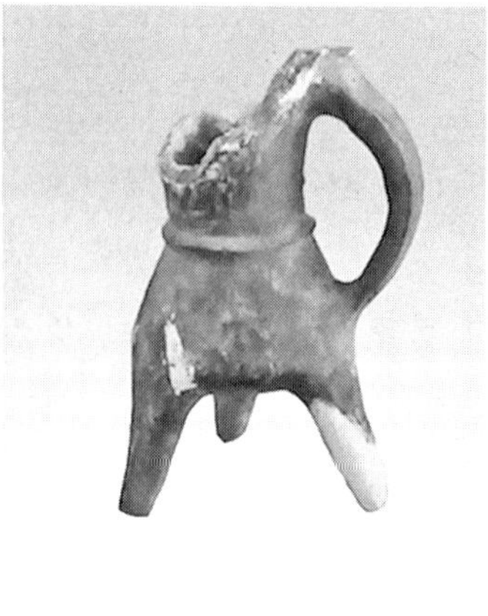

图三　陶爵

图四　小口瓮

群在这一地区的活动有关。文献记载这一地区还有不少夏王朝的与国，如韦、顾、有扈氏等，文献中说商汤灭夏之前“十一征而无敌于天下”，反映了族群之间兼并战争十分频繁。有迹象表明，商汤灭夏之前曾通过“景亳之会”形成了夷商联盟，这才攻灭了夏王朝。族群之间的征战、联姻、联盟、贸易等可能使这一地区的考古学文化确确实实是“我中有你，你中有我”的，族群之间不可能有很清楚的分界线。

总而言之，这一地区考古学文化的复杂程度让我们有更多的思考。从大的族群上看，可能有“夷、夏、商”那样的划分，但是在这些大的族群中存在的小的国族还是很复杂的，这是一个很值得研究的问题。

在青邱堌堆遗址2021年度考古成果现场论证会上，我们对呈现的考古材料感到大为震撼，衍生了不少新的想法。鲁西南地区的诸多遗址出土很多中原地区的遗物，尤以青邱堌堆遗址最具代表性。2021年在青邱堌堆遗址发现的遗物数量较大，而且过去发现的中原风格陶器都是下七垣文化的，这次发现的有二里头文化的，还有个别陶鬲是辉卫文化的，而且有些遗物是二里头文化二、三期的，有些遗物已经进入二里头文化四期甚至二里冈文化下层，如此看来，青邱堌堆遗址是研究夏商文化比较重要或者说是与中原地区联系比较密切的一个遗址。当然青邱堌堆遗址在研究夏商文化中到底处于一个怎样的地位，还需要我们进一步的研究。

第八讲

中原腹地夏商之际的社会变迁

主讲人：侯卫东　河南大学黄河文明与可持续发展研究中心副教授

讲座时间：2021 年 7 月 20 日

讲座地点：第四届河南大学夏文化暑期研讨班

整理人：江诺雅　河南大学历史文化学院 2020 级考古学硕士研究生

目前我们对于夏文化的研究，还有很多关键问题未解决，其中最核心的问题就是夏文化的“首”和“尾”去哪儿寻找。学界一般认为应该从众多的考古学文化中指认出夏文化的“首”和“尾”。以郑州商城为核心的夏商更替研究，主要目的就是寻找夏文化的“尾”在哪里，也就是研究夏商之际的社会变迁。社会变迁这个题目最终的目的就是讨论文化互动和聚落演变这两个方面所反映的社会变迁或者夏商文化更替现象，而对于夏商更替的研究是理解夏文化的一把钥匙，是由已知到未知、由近及远的最重要的起点。

一、中原腹地夏商之际的政治地理背景

（一）中原腹地

“中原腹地”这个说法早就有学者在用，但是概念一直比较模糊。我在《商代早期中原腹地中小型城邑的形成背景研究》一文中对“中原腹地”的概念进行了界定。中原腹地指以夏商王朝特别是夏商王朝的都城为中心的区域。郑州、洛阳一带是夏代晚期和商代早期王都所在，广域王权国家的中心从偃师二里头转移到郑州商城的过程中，郑州、洛阳一带是广域王权国家的活动中心，是文化景观和政治地理上的中原腹地。郑州、洛阳的黄河两岸处于中国地理上的第二级阶梯向第三级阶梯过渡地带，山水形胜，土壤肥厚，资源丰富，交通便利。中原腹地的范围主要就是以郑州商城和偃师商城为中心、方圆200公里左右的一片区域，是当时夏商王朝的核心区域所在。（图一）

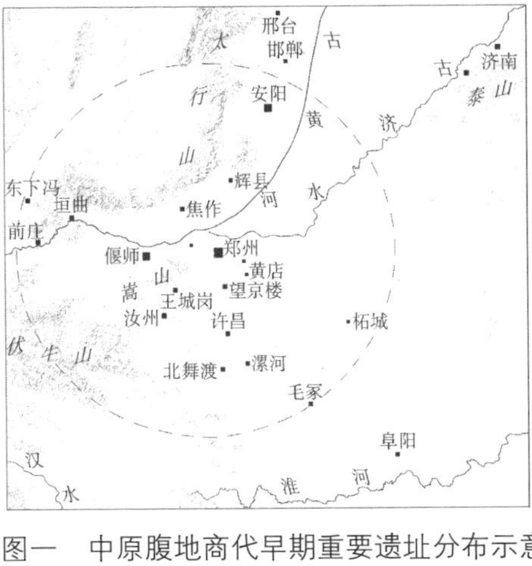

图一　中原腹地商代早期重要遗址分布示意图

（二）夏商之际

“夏商之际”是指偃师二里头都邑逐渐失去中原腹地主导地位、郑州商城逐渐获得中原腹地主导地位的一个过程。

为何是逐渐呢？因为从地图上看，嵩山东北麓荥阳西部的重要关口（后世或称成皋或称虎牢）向西可进入洛阳盆地，荥阳、郑州、新郑一带是二里头都邑的东方门户，二里头文化三期时该区域分布着新郑望京楼、荥阳大师姑等多座城邑，是二里头文化晚期城邑密度最高的地方。营建郑州商城的精英们当时率先占领了东部地区，之后再进入洛阳盆地，从而使得郑州商城获得中原腹地的主导地位，这是有一个过程的，而非一蹴而就的。

这个趋势从二里头文化三期之末就开始出现，并主要发生在二里头文化向二里冈文化的过渡阶段：二里头文化四期、洛达庙晚期、南关外期、二里冈下层一期，都是郑州商城肇始阶段或夏商王朝更替阶段。二里头文化四期是以二里头都邑为标尺的，洛达庙晚期是以郑州地区本地二里头文化为标尺的，南关外期是指在郑州南关外一带发现的风格比较特殊的文化遗存，二里冈下层一期是以二里冈文化为标尺的。这些文化之间的重合度是非常高的，如果考察它们之间的重合度和相对早晚关系，是很难看到叠压打破情况的，其分布状态相当于“大聚居、小杂居”。而这个阶段也就是郑州商城肇始阶段或夏商王朝更替阶段，即郑州商城开始营建到完成内城建设的阶段。

（三）政治地理背景

嵩山东北麓在夏商之际，二里头文化晚期城邑如新郑望京楼，荥阳大师姑、西史村等纷纷进行改建或重建，郑州商城开始营建，下七垣文化和岳石文化代表的外来势力率先在二里头都邑的东方门户立足。二里头都邑在二里头文化四期呈现多元文化传统共存、融合的面貌，辉卫文化传统之外，下七垣文化传统（以漳河型为主体）和岳石文化传统明显增加，并且特征鲜明。二里头都邑在二里头文化四期的某个时间失去中原腹地的主导地位，同时或略晚在二里头都邑东北6公里左右偃师商城第一批宫殿建筑和宫城开始营建。

二里头文化晚期，新郑望京楼存在二里头文化城邑；晋西南垣曲、东下冯存在东下冯文化环壕聚落；太行山东南麓辉县孟庄存在辉卫文化城邑，府城存在辉卫文化聚落。这几个地方，在二里头文化晚期都有相当重要的聚落，但到了商代早期，聚落要么被改建，要么被重新营建，若沿用前期的，便被作为一个城邑使用。所以说中原腹地在夏商之际人群接触频繁，文化互动深入，聚落演变剧烈，社会变迁深刻。

我们或许永远无法解读到这些历史现象背后最为具体的故事，但就目前的证据来看，最容易吻合的重大历史事件就是夏商王朝的更替。至于说夏商王朝更替背后还有什么机制，我们还无法更深入地解读，但由此可以将夏商王朝更替这一事件确定下来，对于夏文化的研究也就有了起点。

二里头文化四期中原腹地社会重新组织的过程中，距离二里头都邑稍远的太行山东麓腹地的下七垣文化（以漳河型为主体），豫东、鲁西南地区的岳石文化（以安邱堌堆类型为主体）也都深度参与其中。这个过程中最活跃的地理空间是嵩山东北麓（郑州地区）和洛阳盆地，其次是属于中原腹地外缘的太行山东南麓和晋西南地区，距离中原腹地较远的区域活跃度较低。

二里头文化四期中原腹地的大变局，坐标有两个选择：二里头都邑及王畿区域洛阳盆地和郑州地区（郑州商城及王畿区域）。不管如何安排坐标，洛阳盆地是处于最为重要的位置的，从地域空间来看即二里头都邑王畿区域，次要的是范围更广的中原腹地。中原腹地也是有区域划分的：洛阳盆地是一片，郑州地区嵩山东北麓是一片，太行山东南麓新乡、焦作是一片，晋西南是一片，豫东、鲁西是一片。在中原腹地的大变局中，最主要的文化是下七垣文化、二里头文化、岳石文化、辉卫文化和东下冯文化。（图二）

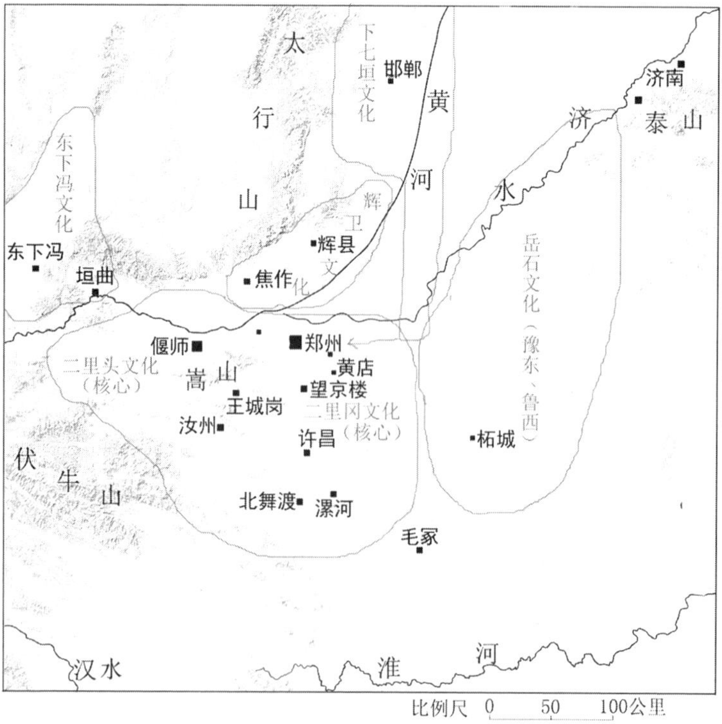

图二　二里头文化四期中原腹地文化和政治地理示意图

因此，我们这里主要按二里头都邑及王畿区域和郑州商城及王畿区域两个政治地理空间层次，从文化互动和聚落演变两个方面，讨论二里头文化四期中原腹地的社会变迁。

二、二里头都邑及王畿区域夏商之际的社会变迁

二里头文化三期时，二里头都邑开始与太行山东南麓有明显的文化交流，二里头文化的主要器类大口尊、圆腹罐等在太行山东南麓辉卫文化中广泛流行，太行山东南麓辉卫文化风格的鬲、晋西南东下冯文化风格的鬲也开始出现在二里头都邑。这一时期二里头都邑在与周围区域文化互动的过程中显示出以辐射周边文化为主、汇聚周边文化为辅的模式，反映出典型二里头文化强大的辐射力，汇聚力则不太突出。

但是从二里头文化四期早段开始，二里头都邑与周边区域的交流和互动明显增加。二里头文化四期晚段有一股显著的潮流，下七垣文化（以漳河型为主体）的鬲出现在二里头都邑，岳石文化的红陶篦纹深腹罐广泛出现在二里头都邑。二里头都邑呈现出新的文化景观：二里头文化为主体，辉卫文化和东下冯文化常见，特征鲜明的下七垣文化（以漳河型为主体）和岳石文化器物明显增加。这一时期二里头都邑在与周围区域文化互动的过程中，二里头文化对周边文化的辐射逐渐停滞，下七垣文化（以漳河型为主体）和岳石文化则以“嵌入式”汇聚到二里头都邑。（图三、四）

从二里头文化三期到四期，二里头都邑与周边区域文化互动的模式和程度发生了深刻变化，并且从二里头四期早段到晚段这种变化趋势逐渐升级，反映了二里头文化逐渐丧失

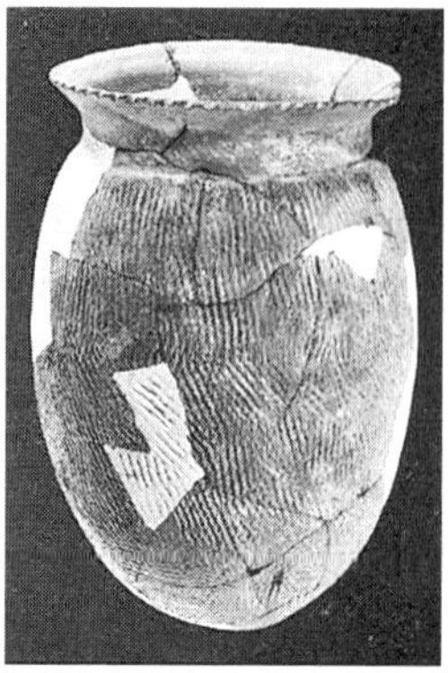

图三　二里头四期晚段的深腹罐

图四　二里头四期晚段的小圆腹罐

中原腹地主导地位的态势。

二里头都邑在二里头文化三期营建了宫城城墙，宫城面积约 10.8 万平方米，形成以宫城为核心、宫城周围“井”字形道路界隔的网格式布局，整个都邑的面积达 300 万平方米，都邑建设形成定局。二里头文化四期晚段时，二里头都邑仍有大型宫殿建筑在兴建，沿袭了此前二里头文化三期形成的总体布局，各类设施完备，没有明显被毁弃的迹象，表明二里头都邑在二里头文化四期晚段仍在运行。这是意味深长的，不要把一个都城是否使用作为其王朝有没有被灭掉的依据，因为毁城并不是中国古代朝代更替时的传统。

关于二里头都邑 300 万平方米的面积，不能因为陕西神木石峁、山东日照尧王城是 400 万平方米左右的龙山时期城址，就认为稍晚的二里头都邑的面积不够大。从龙山时期以来，大型城邑代表了中国古代的主流传统。需要明确的一点是，二里头都邑是比石峁等龙山时期城邑更高一层次的广域王权国家都邑，除面积外，还需要考虑到都邑的承载量、吸纳能力等，而这些方面二里头都邑都是要远胜过其他面积更大的早期城址的。我们需要对城市有一个基本认识，不然会被简单的数据左右。

为什么二里头这个地方在夏商更替之际或者在商代早期，显得情况特殊呢?

二里头都邑缺乏典型二里冈下层风格的遗物，二里冈上层一期风格的遗物也不多，说明二里头都邑所在地与二里冈文化的互动很不活跃，二里冈文化形成初期并没有主动在二里头都邑所在地发展。与此迥异的是，其东方约6公里处在二里冈文化形成过程中拔地而建起的偃师商城，文化面貌与二里冈文化总体风格上保持一致，少见二里头文化四期风格的遗物，其肇始阶段也没有出现明显的多元文化传统，遗迹和遗物明显开始增多的时间介于二里冈下层C1H9与C1H17之间。这些现象说明在二里头文化向二里冈文化过渡阶段的某个时间，偃师商城取代了二里头都邑开始主导洛阳盆地，这是二里头都邑及王畿区域社会发生的一次重大变迁，这次变迁发生在二里头文化四期晚段。

洛阳盆地被占领之后，二里头都邑有没有被继续使用，是可以讨论的，可以用偃师商城的营建作为二里头都邑不再作为洛阳盆地最重要的城市使用的标志。至少这个阶段的二里头都邑已经不再是控制中原腹地的一个城市了，郑州商城先控制了洛阳盆地的东方门户，紧接着其代表的二里冈文化控制了洛阳盆地，这个时间是非常短的。在思考夏商之际的时候，我们不要把王朝更替的时间想得过长。

二里头都邑及王畿区域内二里头文化四期风格的聚落较多，沿袭的都是二里头都邑控制的聚落，但二里冈文化下层的聚落相对较少，规模也明显缩小。造成这一现象的原因是很多的，例如战争失败后人群跑了等，这需要另外讨论。这个现象表明，下七垣－二里冈文化这个人群，其策略是逐渐放弃二里头都邑，重心是通过营建新的偃师商城来控制整个洛阳盆地，因此他们对二里头都邑及王畿区域并没有采取主动全面占据的方式，也没有在洛阳盆地发展很多聚落。

三、郑州商城及王畿区域夏商之际的社会变迁

郑州商城及王畿区域夏商之际有洛达庙晚期、南关外期、二里冈下层一期等三类遗存，年代上有重合。二里头文化四期早段开始，电校 H6、化工三厂 H1、南关外下层、二里冈 C1H9 等单位代表的文化面貌呈现出多元文化传统，外来的下七垣文化、岳石文化、辉卫文化和东下冯文化、后石家河文化（盘龙城）等与本地二里头文化形成多元文化传统共存、融合的局面，中原腹地处于二里头文化向二里冈文化过渡期。

以黄委会青年公寓夯土墙内出土的陶器为例，它存在有不少二里头文化因素的同时，也存在着其他文化风格。如 T207 夯土墙中陶器 16 为下七垣文化（漳河型）因素；T207 夯土墙中陶器 20 为辉卫文化因素；T207 夯土墙中陶器 39、40 皆为砂质红陶，饰篦纹，为典型的岳石文化因素。另外 C8 Ⅱ T166M6 随葬有二里头文化特征的铜盉，这是最早的铜器墓，代表了夏商更替这一阶段。

与此同时，郑州商城营建最早一批宫殿宗庙建筑及宫城，开启了取代二里头都邑主导中原腹地的过程，形成了作为广域王权国家都邑的郑州商城。（图五）此后郑州商城及王畿区域聚落发生了翻天覆地的变化，呈现广泛的整合与重组态势。

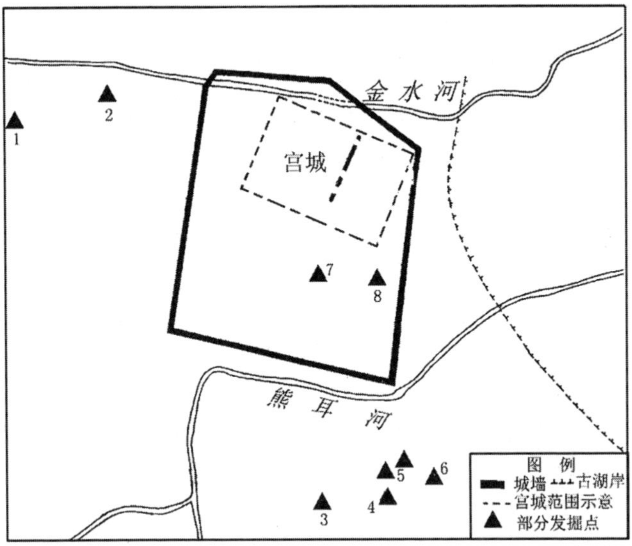

图五　郑州商城肇始阶段布局示意图

1. 铭功路西侧　2. 人民公园　3. 木材公司　4. 火车站　5. 南关外　6. 二里岗　7. 化工三厂　8. 电力学校

我们不能局限于一城一地的认识，要放在大的区域中，从多维视角去考察。在这个阶段，望京楼城邑、大师姑城邑等响应郑州商城的营建或重新修建或改造，望京楼城邑的布局更加规整，且与郑州商城的规划理念一致；大师姑城邑则趋于衰落，逐渐沦为普通环壕聚落。这些现象反映了郑州商城代表的国家和社会控制了此前二里头文化的若干重要城邑，并牢固控制了周围的王畿区域。

郑州商城是商王朝最早的都城，即最早的大邑商。大邑商模式是地域空间层面的，有着降低人口密度的好处。郑州商城面积虽大，但无法容纳这么多人，在郑州商城的周围一圈一圈地往外拓展，以缓解人口的密度。这种模式被后来的小双桥、洹北商城、安阳殷墟等继承和发扬。

郑州商城周围半径约40公里的范围内，同时期的聚落非常密集，出土商代早期青铜器的地点最为集中，主要包括郑州市区及西面的荥阳地区、南面的新郑北部、东面的中牟西部。郑州商城营建之前的二里头文化时期，其所在地已经有非常丰富的人类活动，其南面30公里左右存在望京楼城邑，其西面14公里左右存在东赵城邑，其西北方16公里左右存在大师姑城邑，其西北方30公里左右存在西史村城邑。（图六）

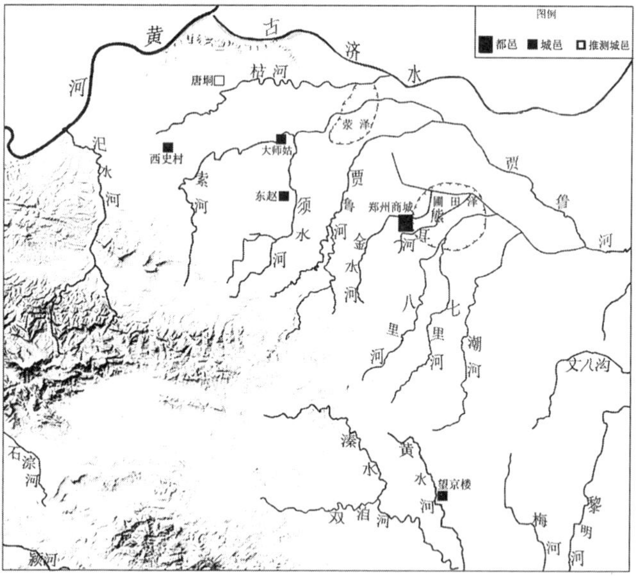

图六　郑州商城及王畿区域的地理环境和肇始阶段重要聚落分布示意图

将郑州商城营建之前宫殿宗庙区的遗迹遗物，也就是洛达庙期的遗迹和陶片出土点连成线，可以发现它们在内城北部普遍存在，并且分布相当密集，分布较集中者连在一起的面积不少于60万平方米，这说明郑州商城营建之前本地就是一处关联在一起的大型聚落。（图七）

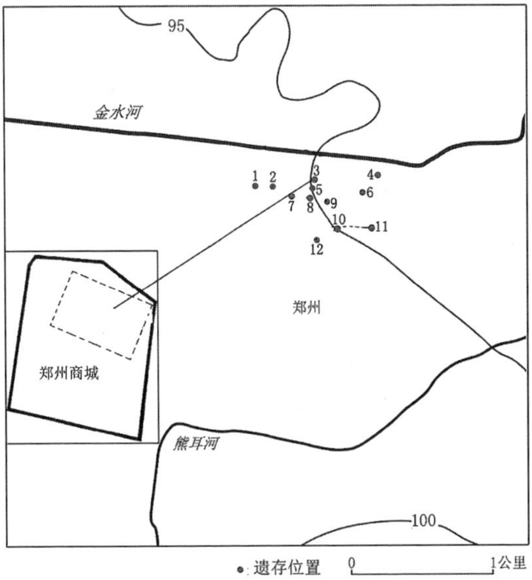

图七　郑州商城营建前夕本地遗存分布示意图

1. 黄委会科研所　2. 河南省戏曲学校东院（市银行家属院）　3. 黄委会青年公寓　4.C8T27，CNT4　5. 黄委会一号高层住宅楼　6. 北大街　7. 市土产公司商店　8.C8T45 夯土　9.C8G9（F9）叠压的文化层　10. 郑州回民中学　11. 河南省中医学院　12.C8G16 打破的文化层

望京楼遗址位于新郑市新村镇杜庄、孟家沟一带的黄水河东岸，发现有二里头文化城邑，城垣外侧有城壕。城邑的平面近方形，方向约北偏东 15 度，城邑的面积约 37 万平方米。

望京楼城邑在郑州商城营建之前就已经在使用，之后经过重新修筑，外围形成了闭合的外壕。望京楼城邑重新修筑的时间可能为郑州商城肇始阶段之末，无论具体为何时，都与郑州商城的营建活动合拍，应当是对郑州商城营建的响应。（图八、九）

大师姑遗址位于荥阳市广武镇大师姑村和杨寨村，发现

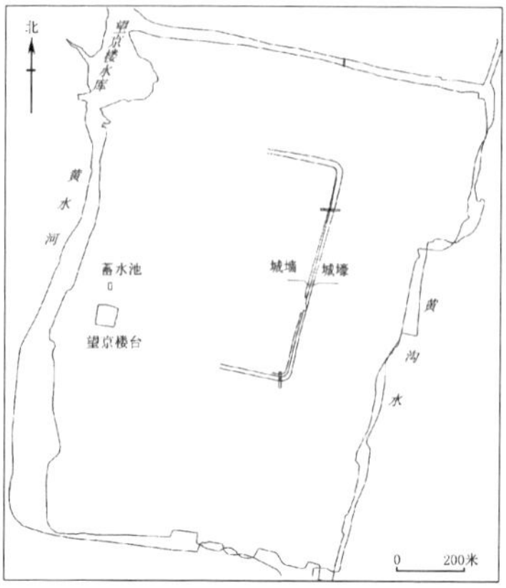

图八　望京楼二里头文化城邑布局示意图

（采自郑州市文物考古研究院：《新郑望京楼：2010~2012 年田野考古发掘报告》，科学出版社，2016 年，图四二）

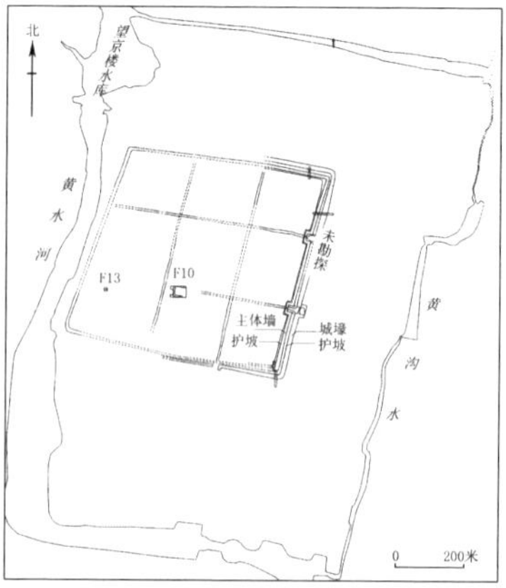

图九　望京楼商城布局示意图

（采自郑州市文物考古研究院：《新郑望京楼：2010~2012 年田野考古发掘报告》，科学出版社，2016 年，图三五五）

有夯土城垣和城壕围成的城邑，平面呈不规则横长方形，面积约 51 万平方米，索河现今河道从城址的西部自南向北穿城而过。

大师姑城邑在郑州商城营建之前就已经在使用，其城壕在郑州商城肇始阶段之末被重新疏浚和改造。中原腹地夏商时期的城邑有追求方正的传统，此时可能以规矩方正的原则对大师姑城邑进行了整改，现今穿城而过的南北向索河河道的位置可能是新挖的壕沟，该壕沟将城邑的东部主体部分围成一个闭合的环壕聚落；城垣没有重新修筑的迹象，外围主要以环壕为界。此时大师姑城邑主要是环壕聚落，存在部分城垣，其面积为 30 多万平方米。大师姑城邑改造的时间与郑

州商城的营建时间有某种呼应，应当是对这座广域性都邑营建的一种响应。（图一〇、一一）

郑州商城在肇始阶段宫城和内城就逐渐营建起来，形成唯一的超大型区域中心，在文化交流和社会影响所及的广域范围内也是规模最大、规格最高的都邑。郑州商城无疑是王畿区域的第一层级聚落，也代表唯一的顶层社会组织。郑州商城营建之前王畿区域就已经密集地分布着各类聚落，实际聚落可能会更多。到了郑州商城肇始阶段，王畿区域聚落的数量比此前明显减少，聚落呈现广泛的整合与重组态势，郑州商城的营建集聚了周边区域和广域范围内的人群和资源，

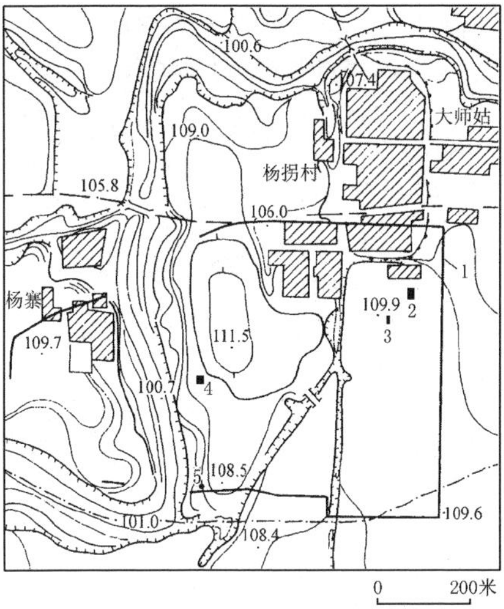

图一〇　大师姑城邑二里头时期布局示意图

1. 城壕和城墙　2.F1 及 T1 内灰坑　3.T6 内灰坑　4.T5 内灰坑、灰沟　5. 埋葬坑 H2

（改自郑州市文物考古研究所：《郑州大师姑（2002~2003）》，科学出版社，2004 年，图二）

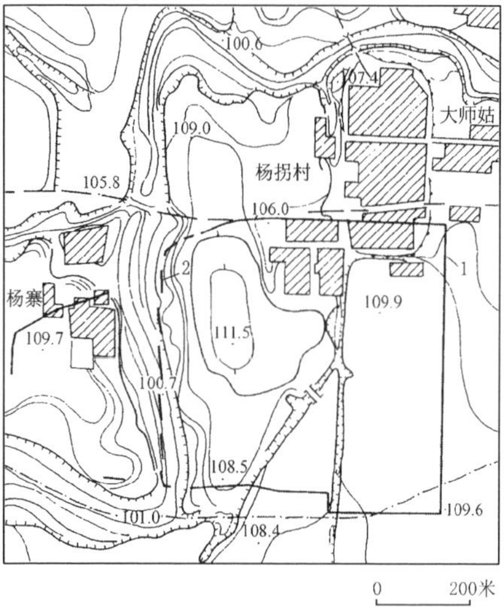

图一一　大师姑城邑二里冈时期布局示意图

1. 城壕　2. 疑为新开掘城壕

（改自郑州市文物考古研究所：《郑州大师姑（2002~2003）》，科学出版社，2004 年，图二）

可能是导致聚落数量减少的原因之一；二里头都邑与郑州商城之间的广域性中心转移及其带来的社会变动，也可能造成一些聚落消失。（图一二、一三）

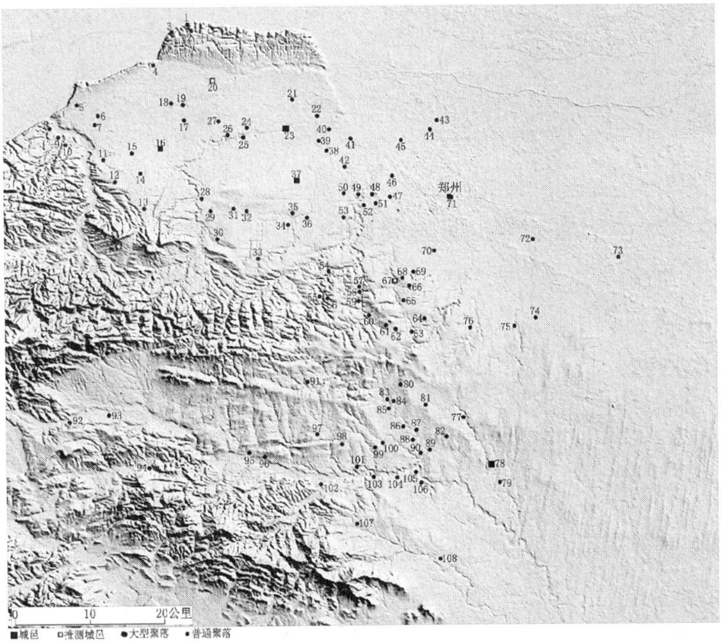

图一二　郑州商城营建前夕王畿区域聚落分布示意图

1. 诏下峪　2. 薛家嘴　3. 大骨头峪　4. 池沟寨　5. 薛村　6. 前白杨　7. 五里堡　8. 虎牢关南　9. 周沟　10. 凤凰寨　11. 石嘴　12. 何寨西南　13. 凤凰台　14. 寨沟　15. 上街　16. 西史村　17. 后圈子　18. 西司马　19. 竖河　20. 唐垌　21. 冯庄　22. 岔河　23. 大师姑　24. 袁垌　25. 娘娘寨　26. 孙寨　27. 丁楼　28. 阎河　29. 老官嘴　30. 聂楼　31. 碾徐　32. 槐西　33. 楼李　34. 圈李　35. 白寨　36. 小孟西北　37. 东赵　38. 祥营　39. 堂李　40. 前庄王　41. 关庄　42. 瓦屋李　43. 大河村　44. 黑庄　45. 王寨北　46. 董寨　47. 旮旯王　48. 宋庄南　49. 常庄　50. 马良寨　51. 洛达庙　52. 杏树湾南　53. 王垌　54. 水磨　55. 梨园河　56. 胡河西北　57. 东寨　58. 盐店庄　59. 下李河东南　60. 牛王庙嘴　61. 石匠庄　62. 黄沟　63. 于寨　64. 古城　65. 红花寺　66. 石旦沟　67. 芦村河　68. 范家嘴　69. 马沟　70. 佛岗　71. 黄委会青年

公寓 72. 西营岗 73. 国庄 74. 大湖 75. 安庄 76. 三里岗 77. 王垌 78. 望京楼 79. 高千庄 80. 耿庄 81. 五虎庙 82. 水泉 83. 岗沟 84. 曲梁 85. 下牛 86. 柿园 87. 杨庄 88. 全庄 89. 古城寨 90. 程庄 91. 二郎庙 92. 月台 93. 牛店北 94. 菜园沟 95. 黄寨 96. 苏寨 97. 西沟 98. 云岩宫 99. 朱家沟 100. 李家岗 101. 新砦 102. 刘湾 103. 徐家寨 104. 马鞍垌 105. 北李庄 106. 人和寨 107. 煤土沟 108. 前河刘

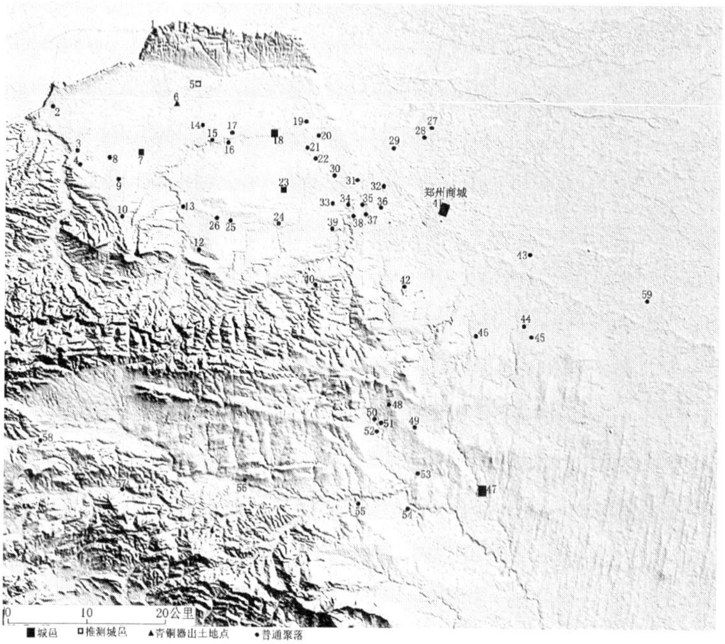

图一三 郑州商城王畿区域肇始阶段聚落分布示意图

1. 大骨头峪 2. 薛村 3. 东滹沱 4. 石嘴 5. 唐垌 6. 高村寺 7. 西史村 8. 上街 9. 寨沟 10. 凤凰台 11. 吴家闸 12. 聂楼 13. 阎河 14. 丁楼 15. 孙寨 16. 娘娘寨 17. 袁垌 18. 大师姑 19. 岔河 20. 前庄王 21. 堂李 22. 祥营 23. 东赵 24. 白寨 25. 槐西 26. 碾徐

27. 大河村　28. 黑庄　29. 王寨北　30. 瓦屋李　31. 陈庄　32. 董寨　33. 马良寨　34. 常庄　35. 宋庄南　36. 旮旯王　37. 洛达庙　38. 杏树湾南　39. 王垌　40. 水磨　41. 郑州商城　42. 马沟　43. 西营岗　44. 张化楼　45. 大湖　46. 郑老庄　47. 望京楼　48. 耿庄　49. 五虎庙　50. 岗沟　51. 曲梁　52. 下牛　53. 古城寨　54. 人和寨　55. 徐家寨　56. 苏沟　57. 菜园沟　58. 月台　59. 大庄东北

四、太行山东南麓夏商之际的社会变迁

太行山东南麓，也就是豫北古黄河西北岸，在地理位置上得天独厚，与洛阳、郑州隔河相望，历来是交通要道——南北向沿古黄河连接华北地区与中原腹地，东西向有太行陉和白陉沟通中原地区与秦晋高原。

二里头文化三期前后，二里头文化与太行山东南麓、西麓的文化有深度互动，形成风格独特、二里头文化因素浓郁的区域考古学文化面貌，有辉卫型文化、辉卫文化、宋窑－潞王坟类型、李固－潞王坟类型等不同称呼。

太行山东南麓发现有辉县孟庄辉卫文化城邑，焦作府城亦有丰富的辉卫文化遗存，辉卫文化与二里头文化的交流特别显著，二者应是盟友关系。郑州商城主导中原腹地之后的二里冈文化早期，太行山东南麓重新营建了府城商城；孟庄辉卫文化城邑发现有丰富的二里冈文化遗存，并且发现有高规格的二里冈文化铜器墓。这些现象表明二里冈文化对太行山东南麓的中心城邑重新进行了确认和控制。

而太行山东南麓的基层聚落罕见二里冈文化早期风格的遗物，说明二里冈文化对太行山东南麓基层聚落的直接影响

不大，郑州商城主导的国家对太行山东南麓的基层社会并没有直接控制，而是通过府城商城、孟庄商城等区域性中心城邑来间接控制。虽然像辉县孟庄和焦作府城这样的商城的面积都不是很大，只有 10 万平方米左右，但这些城市应该是一个区域中心城市，能够控制周围区域的聚落。（图一四）

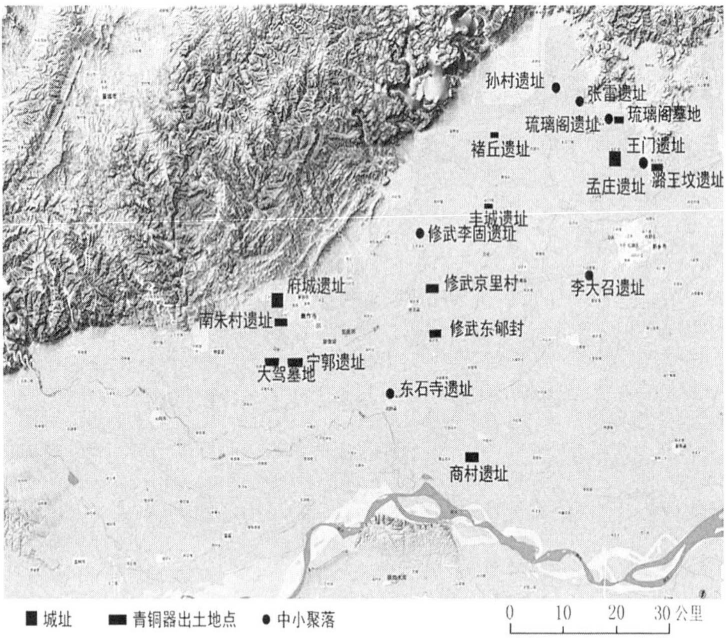

图一四　太行山东南麓夏商时期聚落分布图

五、晋西南地区夏商之际的社会变迁

晋西南地区发现有垣曲古城、夏县东下冯遗址两处东下冯文化环壕聚落，其与二里头文化的交流特别显著，应当直接受二里头都邑控制。郑州商城主导中原腹地之后，晋西南地区重新营建了垣曲商城、东下冯商城（图一五、一六），

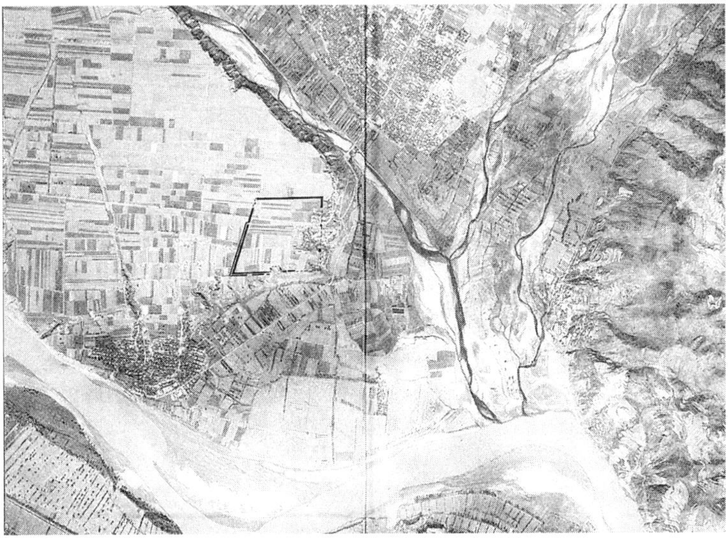

图一五　垣曲商城的地理位置图

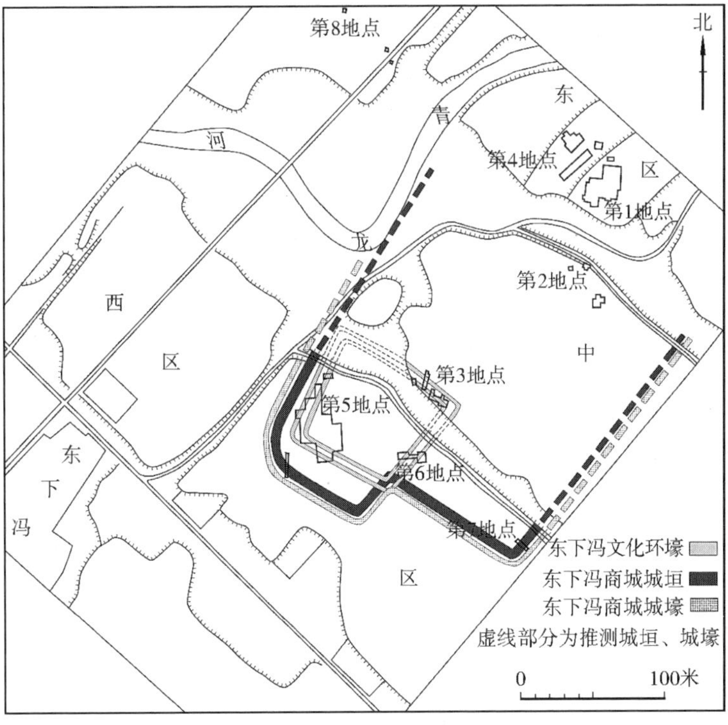

图一六　东下冯商城地貌及东下冯文化环壕聚落布局示意图

对晋西南地区的中心城邑重新进行了确认和控制。

晋西南地区的基层聚落罕见二里冈文化早期风格的遗物，说明二里冈文化对晋西南地区基层聚落的直接影响不大。郑州商城主导的国家对晋西南地区的基层社会并没有直接控制，而是通过垣曲商城、东下冯商城等区域性中心城邑来间接控制。

需要注意的是，夏商更替也好，二里头文化向二里冈文化过渡也好，我们去考察的时候，一定要有政治文化遗产这个意识，即郑州商城代表的国家全面继承和接收了二里头文化代表的国家的政治资源，包括文化遗产、政治理念等。

东下冯文化夏商之际的器物可以看到大口尊、圜底深腹罐、鬲等陶器，与郑州地区的器物有类似的地方，但又有自己的风格。（图一七）

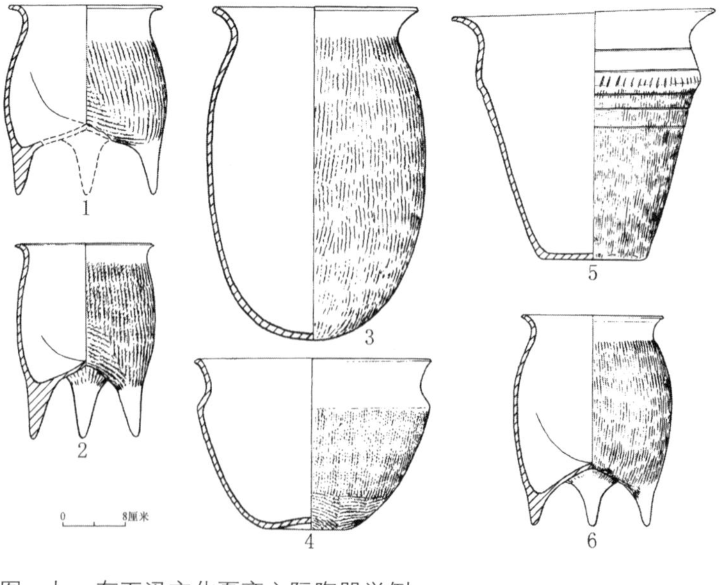

图一七　东下冯文化夏商之际陶器举例

六、结论

郑州商城代表的国家控制了二里头文化、东下冯文化和辉卫文化的故地，这是新控制的地域，新控制的地域内形成了新的二里冈文化。下七垣文化（以漳河型为主体）故地作为郑州商城精英的主要来源，依然继承旧有的文化传统，被新国家牢牢掌控。在豫东、鲁西地区很难见到二里冈上层一期以前的二里冈文化风格的遗存，能见到的二里冈文化风格器物大多是从白家庄阶段开始的，说明在郑州商城的初期阶段，岳石文化故地作为郑州商城的东方盟友，保持着旧有的文化面貌，在二里冈文化早期二者依然保持着"非侵入式"的关系。

中原腹地在夏商之际国家和社会发生了两次重大变迁：第一次是二里头文化四期早段郑州商城控制了中原腹地东部，二里头都邑失去中原腹地主导地位；第二次是二里头文化四期晚段偃师商城取代二里头都邑主导洛阳盆地，二里冈文化的精英舍弃了二里头都邑而在其附近营建偃师商城作为新中心。广域王权国家的都城从二里头都邑转移到郑州商城的重大事件，不是二里头文化精英阶层的迁都，而是下七垣文化精英阶层主导的"改朝换代"。这次"改朝换代"，年代和地域上都与文献上夏商王朝的更替最为拟合。

在郑州商城、偃师商城两座都邑肇建的时代背景下，在特定的历史文化和社会政治环境中，中原腹地不同地域分别营建了望京楼、府城、孟庄、垣曲、东下冯等商代早期城邑，这是对重大社会变迁的响应。

在夏商更替的特定历史文化和社会政治环境中，以郑州商城为代表的新的国家对附近的区域进行了统治。大部分中小型城邑都是在郑州商城的早期阶段营建，郑州商城的精英占领洛阳盆地之后，这些地方很快都营建了城址，早商时期郑州商城的精英也正是通过这些中小型城邑管理新占领的地方。这些商城的重新营建或改建是对郑州商城营建的响应，也是对重大社会变迁的响应，是夏商更替之后商王朝控制和管理新的广域王权国家的反映。

附：中原腹地商代早期都城与中小型城邑年代对应关系表

<table>
<tr><th colspan="2">郑州商城</th><th colspan="2">偃师商城</th><th>小双桥商都</th><th>望京楼商城</th><th>孟庄商城</th><th>府城商城</th><th>东下冯商城</th><th>垣曲商城</th></tr>
<tr><td rowspan="2">一期</td><td>1段</td><td rowspan="2">一期</td><td>1段</td><td></td><td></td><td></td><td></td><td></td><td></td></tr>
<tr><td>2段</td><td>2段</td><td></td><td>一期</td><td>一期</td><td></td><td>一期</td><td>一期</td></tr>
<tr><td rowspan="2">二期</td><td>3段</td><td rowspan="2">二期</td><td>3段</td><td rowspan="2"></td><td rowspan="2">二期</td><td rowspan="2">二期</td><td>一期</td><td rowspan="2">二期</td><td rowspan="2">二期</td></tr>
<tr><td>4段</td><td>4段</td><td></td></tr>
<tr><td rowspan="2">三期</td><td>5段</td><td rowspan="4">三期</td><td rowspan="2">5段</td><td rowspan="2"></td><td rowspan="2">三期</td><td rowspan="2">三期</td><td rowspan="2">二期</td><td rowspan="2">三期</td><td rowspan="2">三期</td></tr>
<tr><td>6段</td></tr>
<tr><td rowspan="2">四期</td><td>7段</td><td>6段</td><td>早段</td><td rowspan="2">四期</td><td rowspan="2">四期</td><td rowspan="2">三期</td><td rowspan="2">四期</td><td rowspan="2">四期</td></tr>
<tr><td>8段</td><td>7段</td><td>晚段</td></tr>
</table>

第九讲

郑州商城与偃师商城

主讲人：张立东　河南大学历史文化学院教授

讲座时间：2021 年 7 月 21 日

讲座地点：第四届河南大学夏文化暑期研讨班

整理人：江诺雅　河南大学历史文化学院 2020 级考古学硕士研究生

本讲题目最初用的是“郑州商城与偃师商城的年代与性质”，后来简称为“郑州商城与偃师商城”，亦可戏称为“早商双城记”。无论题目为何，基本内容仍是两座商城的年代与性质，二者基本同时兴衰，郑州商城是主都“亳”，偃师商城是别都“汤”。

一、郑州商城与偃师商城的概况

（一）郑州商城

郑州商城是一个考古学专有名词，是指在郑州市区发现的一座商代城市遗址。郑州商城东城墙北段至今仍保存在地面之上。这段商代城墙经过战国时期的修缮之后，一直作为废墟保留到现代。（图一）

图一　郑州商城东城墙北段

1. 郑州商城的发现与研究

（1）韩维周与郑州二里冈文化的发现

韩维周是巩县（今河南巩义）人，曾在开封的国学专修馆学习，后在河南古迹研究会工作。该会 1932 年 2 月在开封成立，是一个由中央研究院与河南省有关单位共同组建的机构，主要负责河南地区的考古工作。韩维周在河南古迹研究会工作期间，曾多次进行田野工作，包括李景聃领队的豫东地区的调查与试掘。1938 年日军占领开封之后，韩维周回到巩县老家任乡村小学教员，之后在巩县教育局供职。中华人民共和国成立以后，他到郑州市南学街小学任教，依然倾心于考古，课余时间经常去郑州的施工现场进行调查。1950年秋，他在城南二里冈一带发现了一些绳纹陶片和磨光石器，初步推测这些陶片应是商代遗存，于是向河南省文物部门汇报。后河南省和中央的文物考古工作者经过复查，认定郑州二里冈遗址是早于殷墟的商文化。这些调查直接促成了之后二里冈遗址的发掘，因此可以说韩维周是郑州商文化的发现者。

（2）安金槐与郑州商城的发现

1955年秋，安金槐等人发现了郑州商城的城墙，并经过追踪确定了大致的范围。这个发现实在是太惊人，当时有很多学者质疑，认为其时代到不了商代。不过因为郑州商城的地层关系十分清晰，所以这一认识逐渐得到大家的认同。在1977年发表的长篇报告里，郑州商城周长约6960米，其中东、南城墙长1700米，西城墙长1870米，北城墙长1690米。

（3）外城的再发现、勘查与研究

早在20世纪50年代发掘二里冈遗址时，郑州商城的外城已经被发现，可惜未引起足够的重视。20世纪80年代以来的再发现与研究大体分为三个阶段：第一阶段从1986年的再发现和确认到1993年一系列田野工作和研究成果的发表；第二阶段截止于2004年又一批田野工作和研究成果的公布；第三阶段截止于2010年12月10日在“纪念郑州商代遗址发现60周年座谈会”上提出并大约同时发表郑州商城总体规划为“外圆内方”说。（图二）

2. 郑州商城的营建过程

过去对郑州商城建设的动态过程重视不够。郑州商城三

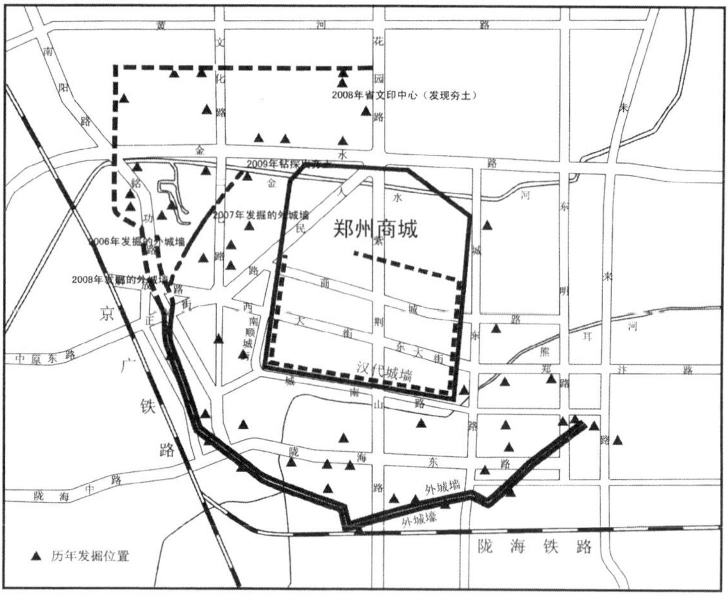

图二　郑州商城外城位置示意图

[采自刘彦锋、吴倩、薛冰：《郑州商城布局及外廓城墙走向新探》，《郑州大学学报》（哲学社会科学版）2010 年第 3 期]

重城圈的格局是可以确定的，但城址最早建设的是内城还是宫城？或者二者是同时兴建的？这些问题还没有解决。

1985—1986 年，在黄委会青年公寓建设工程的考古发掘中，考古人员发现了一段夯土墙。该墙位于顺河路与顺河东街交叉口的西南侧，郑州商城宫殿区内。经过钻探和发掘，该墙已知的长度为 80 米左右，宽度为 7 米，其东、西、南三面都发现有宫殿基址。发掘者认为该夯土墙可能是郑州商城宫墙的一部分，方向为东北—西南走向，东北方向的延长线与郑州商城内城的北城墙东段接近垂直。

后来考古人员又发现了一段城墙，方向为 23 度，向东北延伸约 30 米，与上述在黄委会青年公寓发现的夯土墙相连；西南端基槽斜向上内收，不再向南延伸，边缘清晰可辨。发掘者认为这种现象有以下几种可能：一是这个位置夯土墙存在一个缺口，但因为后期破坏严重，这种说法在向南发掘后未得到证实；二是由此处向南再无基槽或基槽变浅，已被后期破坏殆尽；三是夯土墙确实到此为止，不再向南延伸。现在看来，这两段夯土墙应属于一个城墙，而且很可能在西南端已经到头。

这段城墙的西北应是墙内，依此并结合这段城墙的走向，我们有理由推测它是最初的“宫城”的东南城墙。有意思的是，这段城墙的长度正与内城北城墙西东两段的接合部到“宫城”东南城墙与内城北城墙的交接点的距离大略相当，由此可以大致拟构出“宫城”的范围。更有意思的是，早年在内城北城墙东段发现的缺口恰好位于我们推测出的东北城墙的中部。这座“宫城”的规模大约与二里头遗址的“宫城”相当。鉴于“宫城”内外的文化遗址年代较早，这座所谓的宫城应该是商人迁来之后最初建造的小城，后来内城建成之后，或在一定时间范围内用作宫城。

弄清郑州商城最早的小城之后，我们可以大致推断出郑州商城的营建顺序为小城→内城→外城。（图三）

3. 规划布局

（1）基本概念

在《汉语大词典》中，“规划”是指比较全面的长远的发展计划，“布局”指从全面考虑进行安排。“规划”的本义是用规作画，多倾向纸面的计划或蓝图；“布局”的本义指下棋时从全局观点出发进行布子，是比较实际的安排。现

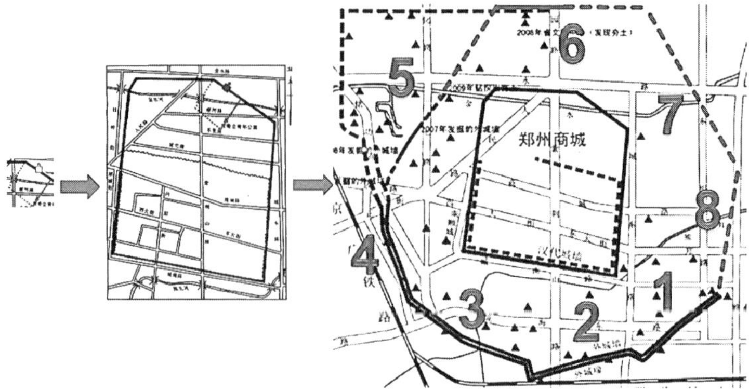

图三　郑州商城营建顺序示意图

代汉语中的“城市规划”是研究城市的未来发展、城市的合理布局和综合安排城市各项工程建设的综合部署，是一定时期内城市发展的蓝图，也是城市规划、城市建设、城市运行三个阶段中的一个。中国古代城市规划已逐渐形成一个相对独立的学术领域，是城市规划、城市考古、城市历史、城市地理等学术领域的交叉学科。

（2）如何研究

郑州商城地处现代闹市区，几乎无法进行主动发掘。配合基建的被动发掘具有很大的不确定性。由于时间紧、任务重，考古发掘难以高质量地完成。不能进行有计划的大规模发掘，导致发掘资料比较零碎，很难统一整理。根据目前的资料情况，我们可以采取以下三种路径进行研究：

第一，田野实证法。通过田野考古工作，包括勘探、发掘等发现古代城市的遗迹与遗物。

第二，遗痕分析法。徐苹芳先生指出：“在古今城市重叠的现代城市中，一般地说都保留着古代城市的遗痕。所谓‘遗痕'，是指古代城市的城垣、河湖、街道和大型建置所遗留的痕迹，它反映着城市本身的历史变化。在古今重叠的城市内，对古代城市遗迹不可能进行大面积的考古发掘。因此，要研究古今重叠的城市，唯一的方法便是考察分析现代城市中所遗留的古代城市痕迹，并据以复原被埋在地下的古代城市的平面规划和布局。"

第三，图像复原法。根据考古发现、城市痕迹等对古代城市进行复原之后，即可对城市复原图进行观察分析，想象、推理出没有任何实证的"遗迹"。或许是因为此法的主要手段是看图说话，所以虽然很多学者都在或多或少地使用，但尚未有人对其进行总结和提倡。实际上，这种方法十分重要，它不仅是对残缺资料进行复原研究的必要手段，也是非常体现研究者水平的方法。

（3）对于郑州商城规划的认识阶段

最早对郑州商城布局的认识主要针对现在所说的内城：形状近长方形，东北角斜切，宫殿区集中在东北部，手工业作坊散布在城外各处。20 世纪 90 年代在内城之南、西发现外城城墙之后，原来城外的手工业作坊和墓葬基本都分布于内外城墙之间，而外城以外几乎没有同时期的遗址。21 世纪初在内城之东发现了当时的湖泊。外城的护城河向西北方向延伸，出现一个大转角，在西北角外城之内，发现大量同时期遗迹。后来在内城西北侧发现一道西南—东北走向的城墙，于是研究者认为外城的形状大致为圆形，内城形状可大致看作方形，二者构成外圆内方的布局。

现在看来，郑州商城的三重城垣从里到外依次为"宫城"、内城和外城。郑州商城内城的城门和街道布局应是六门三街

式，即东西墙各两门，南北墙各一门，相互对应的两座城门之间都有一条主街。（图四）

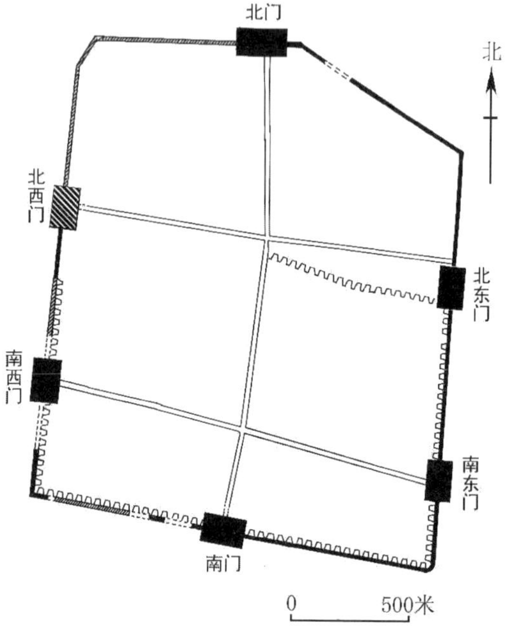

图四　郑州商城内城的六门三街式格局

（采自张立东：《郑州商城城门探寻》图二，《江汉考古》2015年第4期）

通过对平面图的观察及对田野资料的复核，我们可以推知郑州商城的外城很可能是不规则的八边形，而内城则是略扁的正方形，因此郑州商城的总体格局应是内四（边形）外八（边形）（图五）。鉴于仰韶时代已有八方的划分，可以肯定郑州商城的总体格局与四面八方的空间划分有关。这样的规划增强了郑州商城作为天下之中的都城的审美效果，有利于中央权力的加强。至于东部湖泊地带，当时可能规划有

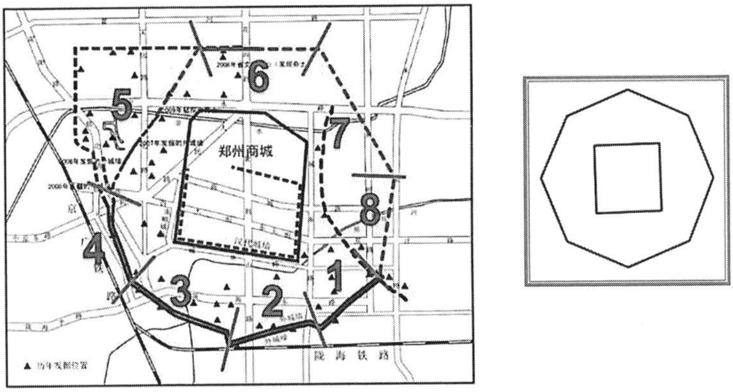

图五　郑州商城城墙内四外八式格局

防波堤之类的设施。

4. 文化内涵

第一，郑州商城发现有三重城垣，城址规模巨大。

第二，郑州商城的宫殿区位于内城东北部的“宫城”一带，其中 C8F15 仍是迄今最完整的一处宫殿基址，但东部界线还不清楚，目前东西残长 65 米，南北宽约 13.6 米。（图六）

图六　郑州商城宫殿基址 C8F15 复原图

（采自河南省文物考古研究所:《郑州商城》，文物出版社，2001 年，图一五三）

第三，内城很少发现平民的生活遗迹，应该类似后来的皇城，为贵族的居住区或官衙所在。

第四，郑州商城几乎所有的手工业遗存都分布在内外城之间，反映了当时的平民主要居于内外城之间，而所谓的外城大略相当于后世的都城。

第五，郑州商城有比较成熟的给排水系统，已发现有建造得比较华丽的水井、石砌的输水管道、排水用的陶水管和石砌的蓄水池。其中蓄水池平面为长方形，已知东西长约 100 米，南北宽约 20 米，略呈东南—西北向。从一定意义上来讲，以排水管道为代表的排污设施可以被视为城市的标志之一。

第六，作为商代早期都城，郑州商城出土的青铜器不仅数量多，而且规格高。青铜器主要出土于窖藏和墓葬中，其中的三处青铜器窖藏，分别位于内城西墙外偏北处的杜岭、内城西墙外偏南部的南顺城街和内城东墙南段之外的原向阳回族食品厂。三处窖藏埋藏的主要是青铜容器，有方鼎、圆鼎、觚、斝、爵、鬲、簋、尊、卣、盘等。三处窖藏可能是在紧急情况下有目的地埋藏。这三处窖藏共出土方鼎 8 件，如果加上 1990 年山西平陆前庄遗址出土的一件方鼎，恰好可以组成早商时期的“九鼎”。

第七，市场在古代城市中具有重要的地位。郑州商城目前还未发现市场的遗迹，但是大量手工业作坊和大量制作精美、规整的陶器的发现，说明郑州商城应该存在专门化、规范化的市场。

第八，郑州商城东北部发现有社祭遗迹，有可能是亳城之社，即周代亳社的前身。

5. 废弃与重建

郑州这座城市的建立和废弃大概分为三个阶段，我们也可以称其为郑州商城的三生之相：

第一阶段，郑州商城：始建于夏代末期，废弃于商代中期；

第二阶段，战国管城：始建于韩国占领郑地之后，废弃于秦灭韩之后；

第三阶段，隋唐郑州：始建于隋代，废弃于 20 世纪 50 年代。（图七）

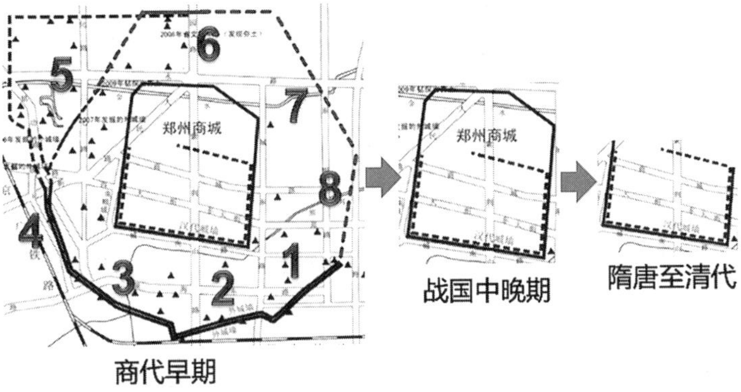

图七　郑州商城的三生之相

（二）偃师商城

偃师商城位于现今河南省偃师市区的西部，南临今洛河，北依邙山，西南距二里头遗址约 6 公里，西距洛阳市约 30 公里，东距郑州商城约 110 公里。（图八）

1. 偃师商城的发现与研究历程

1983 年春夏，为配合首阳山电厂选址，考古人员在偃化口附近钻探时发现该城并进行了试掘，确认了西、北、东三面城墙的位置、走向、长度及保存状况。发掘发现四处缺口，东西各一，北城墙两处；发现南北、东西大路各一条，北城墙中部的城门及由此向南的大道；城内探出三处大型夯土建

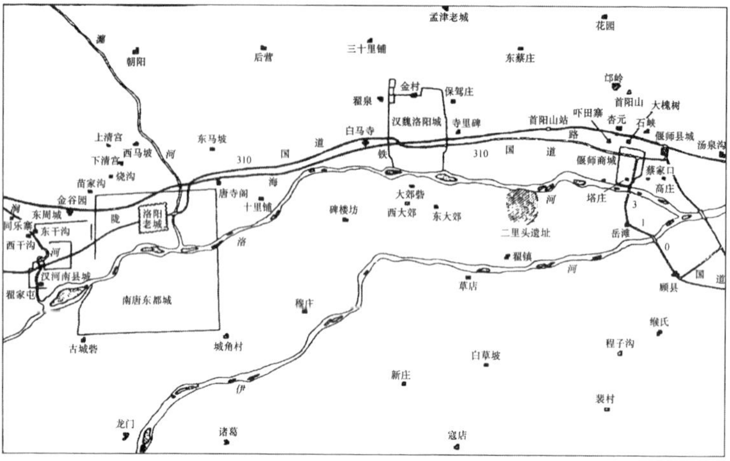

图八　偃师商城位置示意图

（采自中国社会科学院考古研究所：《偃师商城》第一卷，科学出版社，2013 年，第 6 页，图二）

筑群。有一条沟穿过东西城墙的缺口，沟内出土有汉代遗物。该沟东南与城外东南侧的水泊相连。水泊东西、南北均为 1.5 公里左右。（图九）

1995 年发表的《偃师商城第Ⅱ号建筑群遗址发掘简报》中画出了南城墙，南城墙位于洛河以北的塔庄村内。后来考古人员又发现了小城，并断定小城城墙的修建不晚于偃师商城一期晚段，废弃时间始于偃师商城二期早段。小城与大城是前后关系，而非内外关系。发掘者推定了大城的五个城门，并推测出南城中间的城门的位置。（图一〇）

2008 年对西城墙北段进行钻探时，考古人员在距西北城角约 160 米处发现城墙向东缩进一段，而在缩进部分南北向城墙的中部发现一处城门，编其为西三城门。后来考古人员又在与西三城门对应的东城墙北段也勘探出一处内凹，遂认

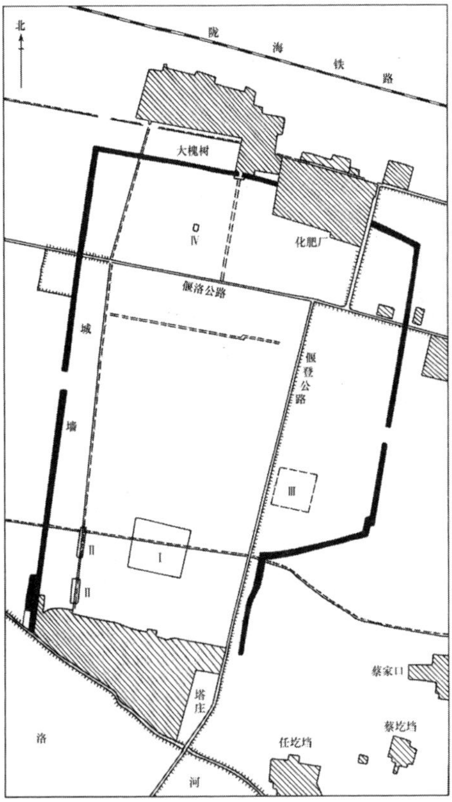

图九　最初的偃师商城平面图

（采自中国社会科学院考古研究所：《偃师商城》第一卷，科学出版社，2013 年，第 10 页，图三）

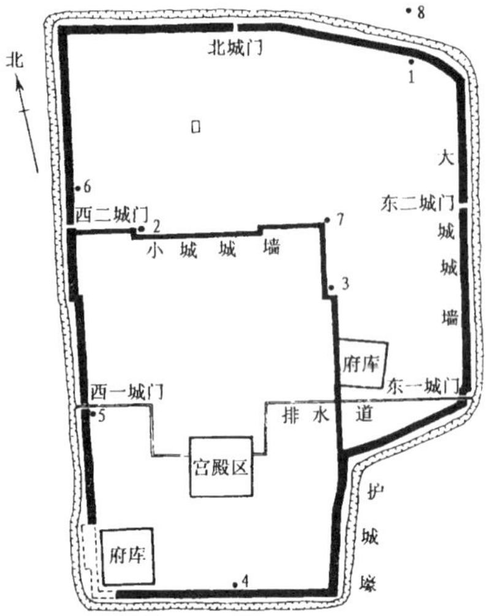

图一〇　小城发现之后的偃师商城平面图

（采自王学荣：《偃师商城布局的探索和思考》，《考古》1999年第2期，图一）

定此处很可能是另一座城门。（图一一）

2. 营建过程

偃师商城的许多早期文化层直接叠压或打破原生土，仅在一些地层单位中发现有零星的早期陶片，说明偃师商城建造之前，该地并无较大的早期聚落。

绝大多数学者认为偃师商城先有小城后有大城，但是根据发掘资料，我们认为偃师商城的修建顺序应是宫城→小城→大城。（图一二）

3. 规划布局

偃师商城的总体布局特征是三重城圈、小城四门十字街格局和大城六门三街式格局。如果将北城门、由北城门向南的大道、宫城南门及由宫城往南的大道联系起来考察，我们

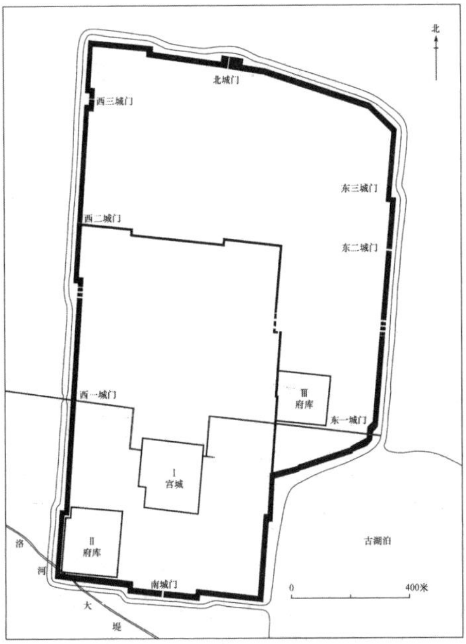

图一一　西三城门发现之后的偃师商城平面图

（采自中国社会科学院考古研究所：《偃师商城》第一卷，科学出版社，2013 年，第 11 页，图四）

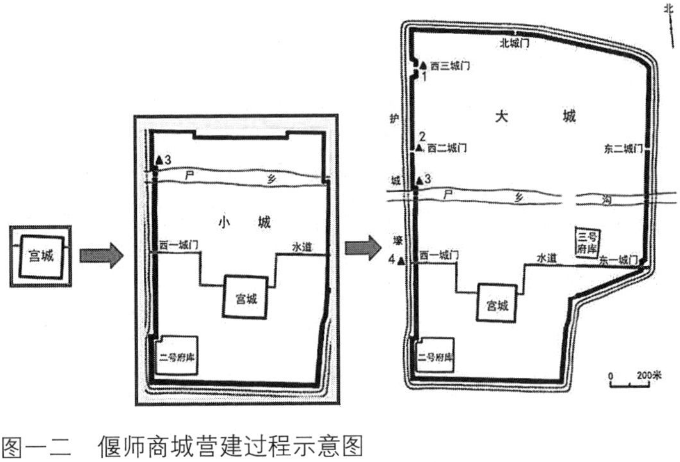

图一二　偃师商城营建过程示意图

可以看出偃师商城有一条南北贯通的中轴线。

在1996年秋季到1997年春季大城东北隅发掘的简报中，西城墙的三座城门修改为两座，而且原来的西三城门改称西一城门；东城门仅标出与西一城门对应的东一城门。基于西一、西二、东一、东二和北城门这五座城门及对中轴线的考虑，我们可以推测南城墙的中部也应有一座城门，依此则偃师商城的大城也是六门三街式格局，跟郑州商城的内城相似。

关于西三城门的建筑年代，发掘者认为“应当与大城城墙的建造年代相同”，但并没有提出任何证据。这些新发现对我们考虑郑州商城和偃师商城城门格局的对应关系造成了一定的困扰。在清理西一城门的过程中，发掘者注意到了西城墙南、北两门之间的距离，两者相距550米，西城墙全长1745米，从西城墙南端开始到西一城门，从西一城门到西二城门再至西城墙北端，除去城门、城墙本身的宽度，其550米的间距，恰好三等分。以此为基点重新审视西三城门，它应该晚于另外两座城门。换言之，最初规划时西城墙很可能只有两座城门，不知出于什么原因，才在近西北城角处又增建一座城门。至于具体晚于另外两门多长时间，由于缺乏证据，现在还无法回答。

4. 文化内涵

第一，宫殿遗址。在城址的南部以宫城为主体，分布有成片的大型夯土建筑基址。宫殿区可以大致分为两个区域：西边是行政区，东边是宗庙区。

第二，府库遗址。在宫城西南和东北方向各有一座规模可观的府库遗址。位于大小两城西南角的第Ⅱ号基址，外围有宽近3米的围墙环绕，其内建筑普遍有上、中、下三层，结构相同，说明从早期到晚期其功能无变化，应是仓储之所。

第三，在大城东北部发现大量与制陶、制骨、铸铜等手工业相关的遗存。偃师商城发现有数量可观的墓葬、房址和窖穴等遗迹，以及陶器、青铜器、骨角器、玉石器等遗物。

5. 废弃与重建

与郑州商城不同，偃师商城在商代废弃之后，并没有再被反复利用。在偃师商城城内年代属商文化的地层之上，直接叠压的是汉魏时期的文化层，再往上则是唐宋时期的文化层等，说明汉魏时期地表以上还保存着商代城墙的残迹。

研究早期城址的学者们往往只关心早段的材料，大多对于晚段的材料不太重视。从学理上讲，夏商周考古研究依靠的文献大部分是后代的，因此只有把后代的考古材料梳理清楚，才能很好地将考古与文献相互对照，最终论定早期城址的年代与性质。

二、郑州商城与偃师商城的年代

（一）郑州商城的分期和年代

最初郑州商城的分期仅分出上下两层，到 20 世纪 80 年代邹衡先生在《试论夏文化》中将郑州商城分为两期三段五组，后来有学者进行了更为细致的分期，现在至少可将郑州商城分为两期四段八组。（图一三）

郑州商城是成汤始居的亳都，因此该地最早的二里冈文化应是汤始居亳至成汤灭夏之前的先商文化。据《今本竹书纪年》，这段时间是 16 年。

郑州商城的最晚阶段大约与郑州小双桥遗址同时，而小

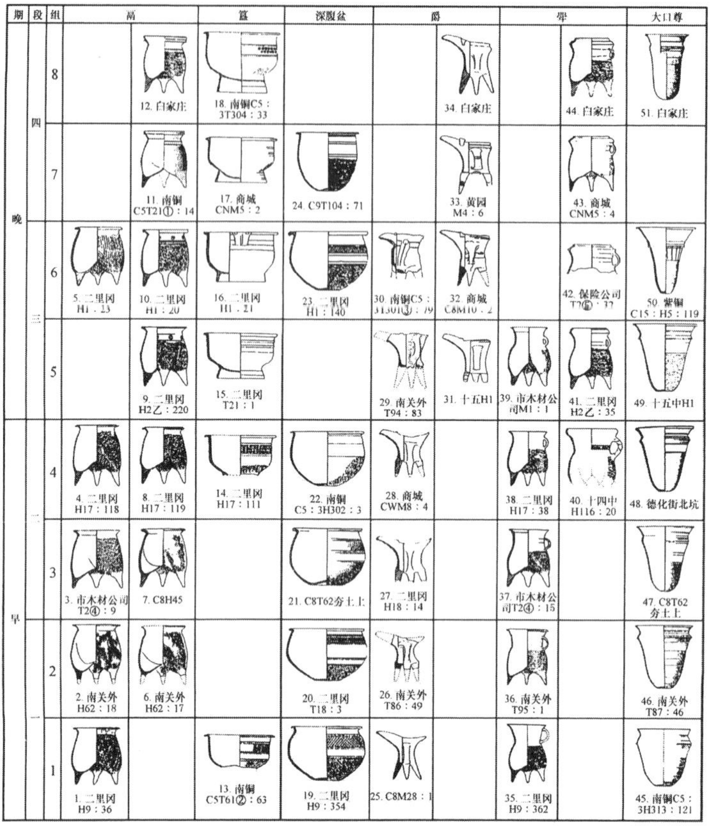

图一三　二里冈文化分期图表

双桥遗址是中丁始迁，中丁、外壬一世二王所居的隞都，故此郑州商城最晚阶段的年代约为中丁、外壬时期。据《今本竹书纪年》，这一时期为 19+ 年，自汤始居亳到河亶甲迁相，也就是郑州商城自始建到废弃的年代，共 193+ 年。

（二）偃师商城的分期和年代

《中国考古学·夏商卷》将偃师商城分为三期七段。偃师商城基本与郑州商城相始终。最晚的第七段或三期晚段与郑州商城的白家庄期约略相当。最早的一期与郑州二里冈 H9 约略相当。

经过多年的讨论，我们可以断定郑州地区存在比二里冈 H9 更早的商文化。偃师商城的始建年代比郑州商城稍晚，结束时间则差不多。

三、郑州商城与偃师商城的性质

（一）郑州商城

郑州商城与偃师商城这两座商城的性质是夏文化研讨中的关键点之一。夏文化研讨的几种说法被归纳为“郑亳说”“偃师商城西亳说”“二里头遗址西亳说”等。目前基本可以认为郑州商城是都城，偃师商城是别都。

1. 安金槐与“隞都说”

作为郑州商城的主要发掘者之一，安金槐先生根据郑州商城的遗址分布范围、文化堆积程度及邻近古荥泽等因素，很早就提出郑州商城是中丁所迁的隞都。这种观点在 20 世纪六七十年代是主流看法。

2. 邹衡与“郑亳说”

1977 年登封会议后，邹衡先生提出郑州商城为汤都亳说。此后关于郑州商城性质的讨论，主要表现为“隞都说”与“郑亳说”之争。经过二十多年的讨论，“郑亳说”逐渐成为主流观点。邹先生对“郑亳说”的论证主要列举以下证据：

一是《春秋左氏传》经文记载中的东周郑地之亳，以及《续汉书·郡国志》中的“薄亭”等古地名；

二是郑州商城出土的陶文证明东周时期郑州商城名亳或

亳丘；

三是汤都亳的邻国及其地望与郑州商城相合；

四是郑州商文化遗址发现的情况与早商亳都相合。

关于文献的记载本来是很清楚的，但偏有《春秋公羊传》襄公十一年经文的另一记载：

“秋，七月，己未，同盟于京城北。”（《春秋穀梁传》《春秋服氏注》之经与此同）

不少学者依此对《春秋左氏传》中的“亳城”进行否定，最著名的是笔名“石加”的郑光先生，他举出很多清代学者以壮声势。后来邹衡先生又补充了两段证据：其实早在杜预以前，东汉的服虔就称“同盟于亳城北”（《史记·晋世家》集解“九合诸侯”条引），三国时的韦昭亦称“十一年会于亳城北”（《国语·晋语七》“七合诸侯”条韦注）。

就史料价值而言，《春秋左氏传》比《春秋穀梁传》及《春秋公羊传》更可靠，年代也早于后二者，《春秋穀梁传》及《春秋公羊传》大概到汉代初年才写定。但对于考古问题，一味地依靠文献也是不可行的，尽管《春秋左氏传》比《春秋穀梁传》《春秋公羊传》更可信，但我们不敢贸然断言后二者的“京城”乃“亳城”之误，因为无法排除比较好的传本里也有出错的可能，当然更不能遽断“亳”乃“京”之误。实际上邹衡先生引用的三个主张“京城说”的清代学者，并未提出什么铁证。

可喜的是，相比清代学者的从文献到文献，现在有两种新的证据，可以用来与传世文献对证。

一是郑州商城的发现。作为早商时期最大的城址，郑州商城最有资格被指认为早商亳都。春秋时期仍然矗立在地表之上的早商亳都，为推定《春秋》中鲁襄公十一年在郑地会盟的事情就发生在亳城北提供了铁证。郑州商城内没有春秋时期的文化遗存，说明春秋时期的郑州商城是一片废墟，而历史上春秋时期郑国的京城是很繁盛的，因此郑国的京城绝不在郑州商城。当地学者都知道，春秋时期的“京”就在郑州商城之西的现今荥阳市的“京襄城”。从“亳城北”之语可知当时的人们对亳城还是有一定认识的。

二是郑州商城宫殿区战国文化层出土的“亳”“亳丘”和“十一年以来”陶文。（图一四）郑州商城宫殿区战国文化层出土的“十一年以来”陶文提供了新证据。“十一年以来”印文多与“亳”字印文双章同器，绝大多数压印在作为祭器的陶豆之上，而且这种陶豆又大量集中出土于郑州商城宫殿区战国文化层的东北部，这表明带有这两种印文的陶豆是为纪念晋悼公十一年亳城之盟的礼仪场合特制的。循此我们可以在一定程度上重构战国时期韩国的这项非常重要的纪念性礼仪，证明《春秋》经传所载晋悼公（鲁襄公）十一年晋国

图一四　郑州商城宫殿区战国文化层出土的“亳”“十一年以来”陶文

主导的亳城之盟就发生在仍为废墟的郑州商城之北。有了出土的战国文字和早商城址的对证，上述有关亳城、京城的讨论应该可以结束了。

郑州商城为亳都的考古与文献证据可以总结为以下几点：

第一，考古材料的证据有陶鬲和郑州商城。鬲是商人最主要的炊器，因此郑州商城显然是商人之城。最值得注意的是，郑州商城是早商时期规模最大的城址，仅从考古证据方面考虑，郑州商城最有资格被指认为早商亳都。

第二，传世文献的证据有两条。一是《春秋左氏传》："十有一年……秋，七月，己未，同盟于亳城北。"二是《续汉书·郡国志》："荥阳……有薄亭。有敖亭。"

第三，出土文献的证据有三条。一是郑州商城宫殿区战国文化层出土的"亳""亳丘""十一年以来"等陶文。二是市面上见到的三枚"亳百涅"锐角布。三是郑州商城西南常庙古城出土的汉代"亳聚"陶文。

（二）偃师商城

关于偃师商城的性质及其与郑州商城的关系，学术界主要有以下几种说法：

1. 西亳：偃师商城为亳都，郑州商城是隞都。（赵芝荃、安金槐）

2. 桐宫：郑州商城是亳都，偃师商城是太甲所放之桐宫，是早商别都。（邹衡）

3. 军事重镇：郑州商城是亳都，偃师商城是镇抚夏都附近的重镇。（郑杰祥）

4. 盘庚所迁亳殷：二里头遗址是亳都，偃师商城是亳殷。

（郑光）

我们认同郑州商城是亳都、偃师商城是早商别都的说法，原因有二：其一，郑州商城远大于偃师商城，因此仅从考古材料而言郑州商城更可能是当时的都城；其二，偃师商城的位置、本名、桐宫等说法，都说明其具有都邑性质，但不是都城。

梳理历代学者对汤都亳的认识可知：先秦时期，人们多以郑州商城为汤都亳，偃师商城为太甲被放之桐宫；西汉时期，人们开始指认偃师商城为汤都亳，而将桐宫移往他处；此后直至邹衡先生提出“郑亳说”之前，无人知郑地之亳。

因此，我们现在已有充分的理由断定偃师商城之本名应为“汤”。若依甲骨文的习惯，商代很可能写作“唐”。到了东周时期，在广为流传的伊尹放太甲故事中，已音转为“桐”。后来不知什么时候，或又音转为今天的“塔”（庄）。郑玄指认亳都在偃师时使用的地名“汤”，为我们还原偃师商城之本名提供了比较坚实的证据。甲骨文中的“唐宗”、商遗民的“汤社”、西周早期金文中以私名命名之宫及这些宫的简称，则为我们提供了有力的旁证。成汤灭夏之后在下洛之阳兴建的离宫别馆，已具有别都的性质，而太甲在此思过三年，又大大强化了其作为别都的地位。这是汉代以来由汤宫、汤都而演化为亳都的历史基础。偃师商城之始建与第一次扩建，与成汤始建、太甲时扩建的历史事实颇为相合，从而为我们理解偃师商城建设过程的历史背景提供了一把钥匙。

四、结语

1. 郑州商城是位于现在郑州市中心的一座早商城市；偃师商城是位于现在偃师市区的一座早商城市。

2. 郑州商城是早商时期规模最大的城市；偃师商城的规模远小于郑州商城，但明显比已知的其他早商城市大。

3. 郑州商城的总体规划是内四外八，内城是六门三街式；偃师商城小城是四门十字街式，大城是六门三街式。

4. 郑州商城在废弃后又有两次兴建；偃师商城在废弃之后没有再建。

5. 郑州商城的内外城墙、手工业作坊、精美铜器、原始瓷器、陶器、金器等都反映了郑州商城是一座名副其实的“城市”；偃师商城已知的手工业作坊分布在大城之内。因此最公平的对比是将偃师商城的大城与郑州商城的外城进行对比。

6. 郑州商城与偃师商城是商代大约 1/3 多时段的两个都城，在商代历史上的地位自不待言。

7. 郑州商城是推定夏文化、早商文化和先商文化的出发点，因此可以说是夏商文化研究的枢纽；偃师商城对于研究夏商文化的年代分界具有特殊的价值。

8. 郑州商城是早商时期的都城“亳”；偃师商城是当时的别都“汤”。

9. 郑州地区的薄亭、敖亭与偃师地区的汤亭应该放在一起考虑，这组汉代亭名恰与郑州商城、小双桥遗址和偃师商城相呼应，是存在于汉代地名中的早商历史的遗痕。

第十讲

二里头、二里冈文化的礼仪性陶器及其社会背景

主讲人：秦小丽　复旦大学文物与博物馆学系暨科技考古研究院教授

讲座时间：2021 年 7 月 23 日

讲座地点：第四届河南大学夏文化暑期研讨班

整理人：廖一鸣　河南大学历史文化学院 2020 级文物与博物馆专业硕士研究生

这一讲是我关于礼仪性陶器的一些思考，想要探讨一下二里头、二里冈文化的礼仪性陶器及其相关的社会背景。这一类题目在系列文章中应当是多见的，特别是关于二里头文化墓葬中出土的礼仪性陶器。我在这一讲中所讲的关于二里头、二里冈文化的礼仪性陶器主要有两个关键点：

一是二里头文化礼仪性陶器出现的社会背景。在这个时段里，我们熟知的有山东龙山文化的礼仪性陶器与二里头文

化的关系、陶寺文化的礼仪性陶器与二里头文化的关系等，但对于长江下游地区的陶器与二里头文化的关系的研究较少。因此，这是一个值得研究的问题，我认为关注点应该放在二者的从属关系上。

二是非墓葬出土的礼仪性陶器。虽然二里头文化时期大量的礼仪性陶器出土于墓葬，但礼仪性陶器具体用途分为随葬和宴饮两种，所以我认为墓葬出土的礼仪性陶器与非墓葬出土的礼仪性陶器需要分开来看。

一、礼仪性陶器出现的社会背景——东部地区盉鬶组合对中原地区的影响

探讨礼仪性陶器出现的社会背景，我们可以从东部地区盉鬶组合对中原地区的影响这一方面进行分析。首先需要确定的是，礼仪性陶器具体指什么？这是一个看似很基础的问题，但如果没有一个界定，很可能就会把礼仪性陶器追溯到很早很早的时期。所谓礼仪性陶器，应是已经形成制度的、有固定组合的，且在社会中与政权统治有关的，而不仅是用来喝酒的容器。也就是说，有酒的发现不一定有礼仪性陶器，它是伴随着一种社会制度而产生的。二里头文化时期的礼仪性陶器应处在一个更早期的发展序列中，因此在社会制度中体现重要价值的礼仪性器物是在二里头文化时期才出现的。

山东半岛的礼仪性陶器出现最早，且数量最多，尤其是白陶。白陶在大汶口文化晚期开始广泛出现，到龙山文化时期器类开始减少，这一方面栾丰实先生在《海岱地区白陶初论》一文中已做了详细的研究。如果不只讲白陶，而是将白陶和

灰陶算作总体来看，则山东地区的酒礼器是最繁杂的。这里我认为十分有趣的一个变化是，大汶口文化时期的 8 个类型发展至龙山文化时期就只有鬶这一种了，由此可以认为从大汶口文化到龙山文化，其中间必然发生了很大的变化。龙山文化时期的鬶到岳石文化时期就不见了，尤其以白陶鬶为甚，而与此同时，在并行的二里头文化中则开始出现了白陶鬶。所以二里头文化的白陶与龙山文化的白陶之间的关系值得关注，具体是怎样的关系则需要进一步的探讨。

在二里头文化形成之前，礼仪性陶器的分布地域已发生很大的变化，这样的地域变化可称为社会重组，或称为社会大运动，与白陶的出现有一定关系。社会重组中最大的三股势力为泛西北文化系统、泛东方文化系统、南方文化系统（图一）。其中非常重要的是中原地区，其文化因素中带有多地域的文化类型。

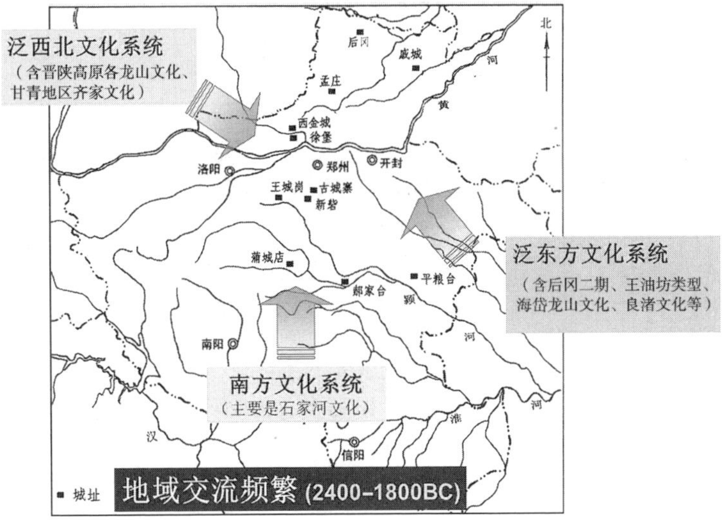

图一　社会重组示意图

礼仪性陶器种类丰富，关键点在鬶与盉这类三足器上。长江下游地区的崧泽文化到良渚文化的鬶与盉的用途开始和前面的马家浜文化产生了差异。良渚文化酒器组合的一个重要特点是鬶与盉基本同时出现，即成对出现，是用于盛酒或者分酒的礼仪性器物。鬶外壁有用火痕迹，且用粗砂红陶制作，与细陶黑皮的制作工艺大有不同。成对出现代表着组合中不同器物功能的差异（图二），如鬶既有用火痕迹又具备袋足和流，其作用很可能是温酒，即其内部用来盛放需要加热的液体，比如米酒。当然这是根据器型做出的推测，具体情况还需根据残留物分析确认。

此外，位于良渚遗址北边的花厅遗址，上海地区的广富林遗址、钱三漾遗址，以及好川遗址的墓地中也出土了同类的礼仪性器物。其中花厅遗址是存在良渚文化与大汶口文化南北两种不同文化类型的遗址，因此出土了与良渚文化十分相像的容器。

新石器时代晚期长江下游地区的酒水器与山东地区的酒水器是有所关联的，我认为最明显的一个表现可能是，在龙

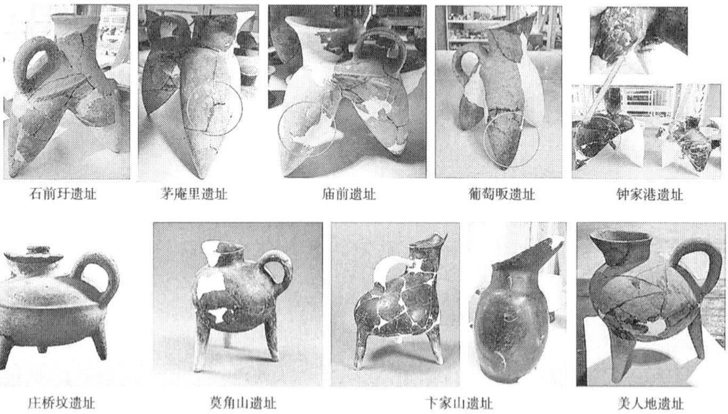

图二　良渚文化中成对出现的盉和鬶

山文化晚期，代表着龙山文化时期的鬶接受到的影响远大于盉，所以可推测长江下游地区的鬶受到了山东地区的影响。

这里要讲到前文我们所说的白陶，大汶口文化的白陶鬶与盉在大型墓葬中是和 8 种礼仪性陶器共存的，到了龙山文化晚期时白陶器却只有鬶，其他 7 种器类已消失不见，这暗示着白陶鬶在礼仪性陶器中具有特别意义。平底盉与三实足盉在龙山文化时期已然消失，只在大汶口文化时期有出现，可以看出大汶口文化晚期到龙山文化时期山东半岛的社会结构发生了较大变化。

三实足盉是山东地区和长江下游地区共同存在的器型，最早大概出现在长江下游地区的河姆渡文化与马家浜文化遗址中，在发展过程中逐渐演变为侧把盉和异形鬶，一直延续至崧泽文化晚期。良渚文化时期，三实足盉与袋足鬶开始成对地出现在生活空间里。因其在墓葬中少有发现，大部分在遗址中出现，如灰沟、灰坑、河道等，所以它极大可能不用于随葬。这与山东地区鬶、盉大部分出土于墓葬的情况恰恰相反，反映出的是社会背景的不同。如果我们将山东半岛的鬶与盉归为葬礼用器，那么长江下游的鬶与盉则是上层社会的生活礼仪用器。也就是说，最早的三实足盉在长江下游地区出现，在大汶口文化时期传入山东半岛，但没有延续到龙山文化时期，而山东半岛的鬶则是在龙山文化时期影响了长江下游地区。

二、二里头文化时期礼仪性陶器组合的变化

二里头文化时期礼仪性陶器组合中的器物的变化主要有

三个方面：一是鬶的变化，它开始出现较多，而后逐渐消失；二是由多形式的盉变为单一形态的封顶盉；三是新出现爵和斝。新的礼仪性陶器组合为爵、觚、盉、斝四件。这里封顶盉、爵、觚发生了远距离的扩散，不仅存在于二里头夏王朝控制的范围中，在长江流域和北方地区也都有出现。此外，二里头文化时期除二里头遗址以外，周围还穿插着几个相关的遗址，这些遗址中严格来说都出现有礼器，如花地嘴遗址和新砦遗址中发现有盉的残片。这样的分布表现了二里头文化在中原地区的发展态势，即其除王都以外还广泛影响周围其他地区。

盉、斝、鬶等礼仪性陶器除在伊洛地区有发现外，在晋西南地区也有发现，其分布范围基本没有超出传说中夏王朝统治的地域，多在晋西南、豫西、豫南地区（图三）。

关于陶器的传播，我们可以参考德留大辅对礼仪性陶器的研究做出的假想传播过程图（图四），这里德留大辅所说的精制陶器，即我们说的泥质陶，实际上可能比泥质陶更精致一些。他认为“各地区制作”的陶器是模仿中心地区而制的，

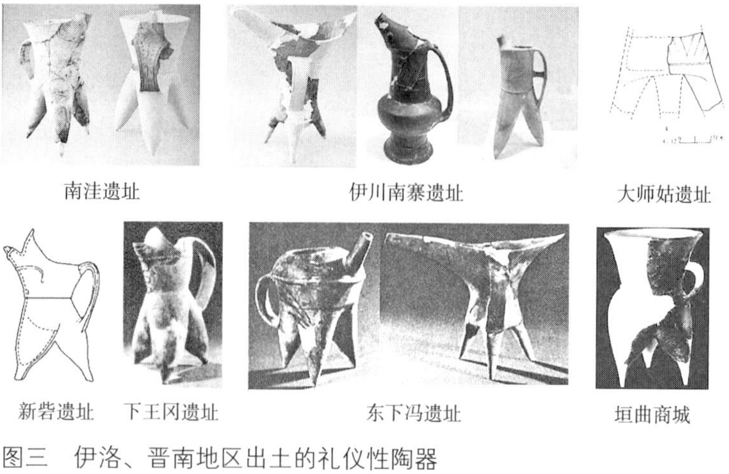

图三　伊洛、晋南地区出土的礼仪性陶器

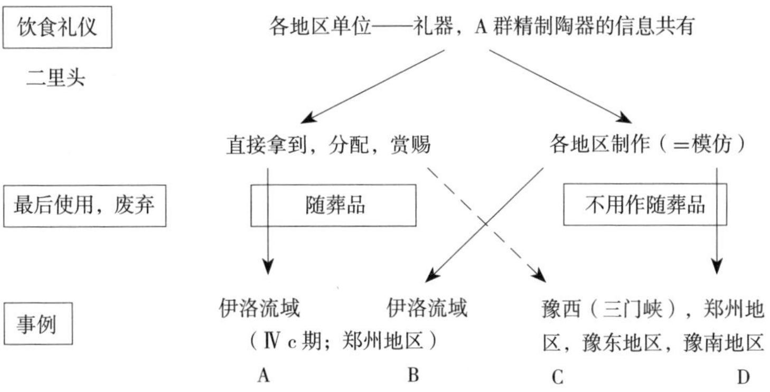

图四　德留大辅的假想传播过程图

因为各地区所制陶器与中心地区有明显差异，模仿的可能性较大。值得欣赏且十分重要的一点是德留大辅将随葬品与非随葬品分开研究，这代表着他在研究时已经意识到墓葬出土器物与居住区出土器物需要分开研究。在另一观点中他认为二里头文化的礼仪性陶器在三期中仍然很少，基本上都出现于四期，且到四期才在其他遗址中出现（图五）。

我们在研究礼仪性陶器时，需要和青铜礼器结合来看，二里头文化时期最多的礼器也正是铜礼器。铜礼器出现于三期，前期礼仪性陶器占主流。二里头文化时期的礼器与龙山文化时期的礼器的不同点在于地域上的分布和出土遗址的性质，这一依据是龙山文化时期的礼器多出土于一般遗址中的大墓，而二里头文化时期的礼器均出土于大型墓地或特殊遗址。二里头文化在三期开始向北、西北、东北及南方地区和长江流域甚至上海地区传播。

至于鬶与盉的具体用途，仅凭形状我们还是比较难确定的，最终仍要靠残留物来证明。在两城镇遗址的一件三足器的残留物分析中，我们确实发现了酒的成分，所以判断它们

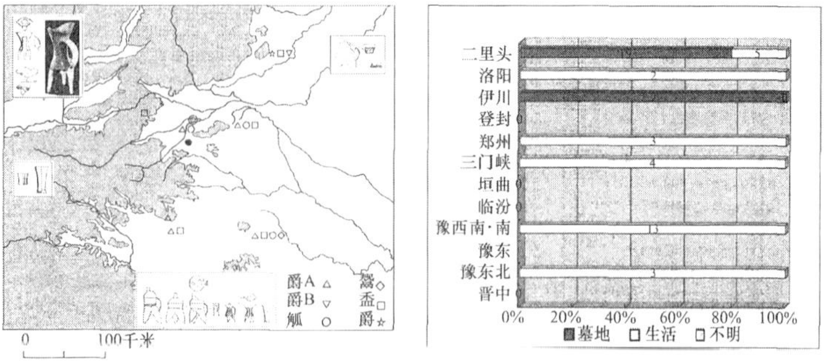

Ⅳ b 期 A 群精制陶器出土状况

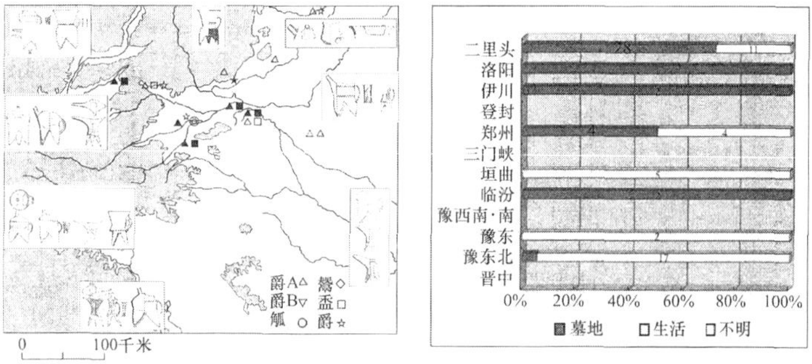

Ⅳ c 期 A 群精制陶器出土状况

图五　德留大辅对精制陶器出土状况分布的归纳

作为酒器使用的可能性极大。这里值得一提的是封顶盉，袋足鬶与实足盉是两件形状不同但同时出现的器物，它们的功能一定有区别（图六）。而这两种器物发展至二里头文化晚期成了一种器物，即封顶盉（图七）。

总而言之，鬶与盉在生活遗迹中出土，反映了良渚文化时期长江下游地区更重视生活中的宴饮礼仪，这与山东地区重视丧葬礼仪的习俗有所不同，充分显示着地域文化的礼仪内涵与礼仪形态的差异，可见新石器时代还没有形成一个具有广域范围共识的礼仪性陶器组合的固定模式，即器型相同但使用上有差异的组合。但是到二里头文化在洛阳地区开始

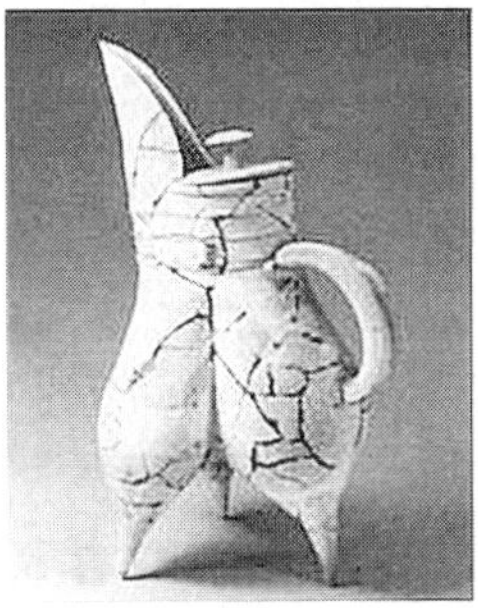

袋足鬶

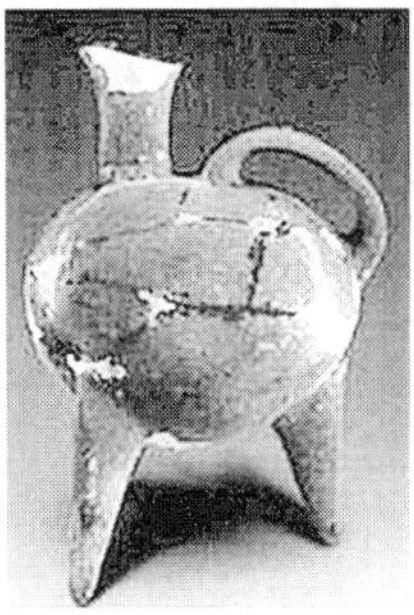

实足盉

图六　袋足鬶与实足盉

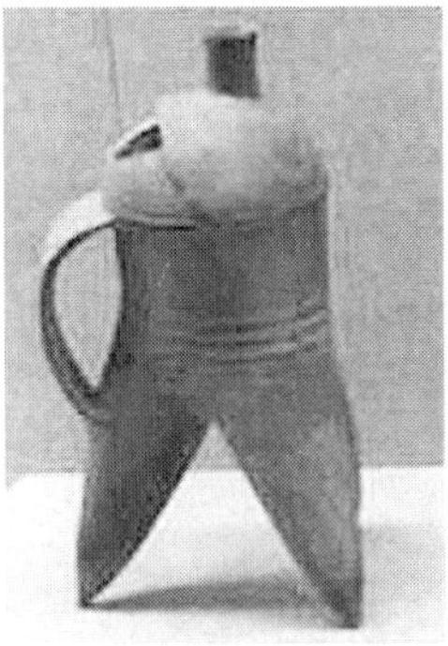

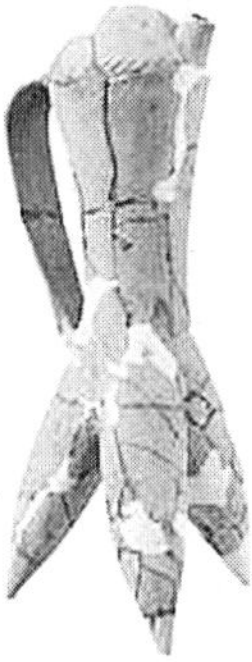

图七　封顶盉

出现时，无论是文化分布范围，还是礼仪性陶器的影响圈，都与龙山文化时期不同。礼仪性陶器的逐渐完善使其与一般生活用陶器的距离越来越远，并形成了一套具有宴饮功能的陶器组合——鬶、觚、盉、爵、斝。这些器类都是在器型上适合于温酒、盛酒、分酒、饮酒的酒器。虽然这些陶器不总是一起出土，但是在大多数时候，共存的情况比较常见，且至少是三种器物共存的。

三、二里头遗址墓葬和非墓葬遗迹出土的礼仪性陶器

这里就要讲到墓葬与非墓葬出土礼仪性陶器需要分开来看的问题。二里头文化时期墓葬出土器物十分精美，非墓葬的遗迹中也有大量出土器物，形制种类与墓葬出土器物区别不大。我在这里将 1999—2006 年出土的礼仪性陶器进行统计归纳，可以清晰看出其反映的不同时期的器类，以及与礼仪性质有关的器物所占比重（图八、九）。

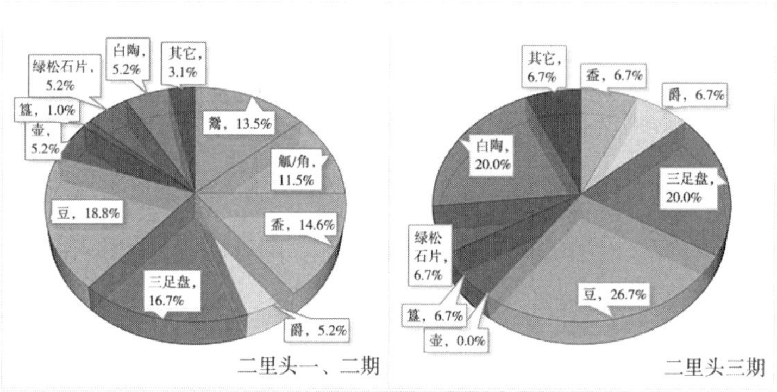

图八　1999—2006 年灰坑出土礼仪性陶器器类统计（1）

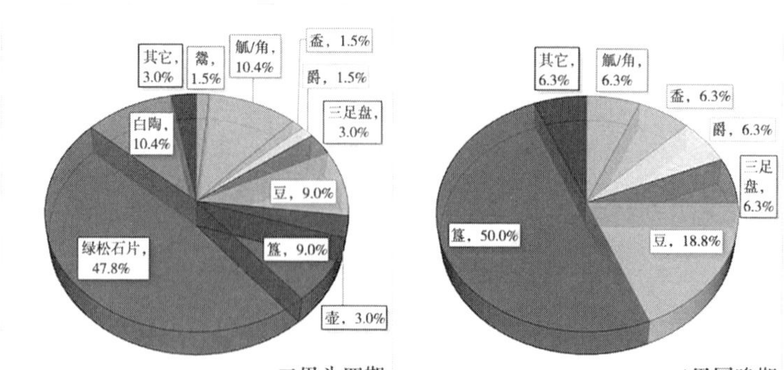

图九　1999—2006 年灰坑出土礼仪性陶器器类统计（2）

二里头一、二期灰坑出土的礼仪性陶器中以豆与三足盘最多，分别占 18.8% 和 16.7%，其次是盉与鬶，分别占 14.6% 和 13.5%，觚与角合计占 11.5%。爵仅占 5.2%，其他器类较少。特别是白陶仅占 5.2%。到了二里头三期，各个器类所占百分比发生较大变化，首先是白陶激增到 20.0%，盉与爵分别占 6.7%，与前期相比变化不大，豆与三足盘数量较多，分别占 26.7% 和 20.0%。我们再看一下二里头四期和二里冈晚期，二里头四期白陶比前期急剧减少半数，仅占到 10.4%，暗示着白陶仅在二里头遗址最为兴盛的三期占比较大，具有特殊社会意义。而二里头文化中常见的豆与三足盘也在四期大幅减少到 10% 以下，这些现象暗示三期以来较多使用的宴饮礼仪陶器到四期时已经不是常用品，宴饮礼仪在这两期的发展中发生了某种变化。

白陶的器类与功能也需要统计归纳进行研究，根据二里头遗址五区发掘出土的白陶统计资料，将这些资料按照器类进行数量统计，其结果如图所示（图一〇）：二里头一、二期中鬶的数量占到 50% 以上，其次为盉，占近 40%，爵则很

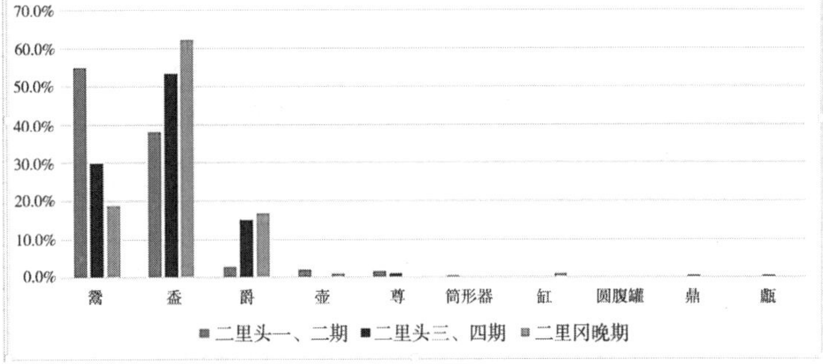

图一〇　二里头遗址五区出土白陶器类统计

少见，其他是少量的壶与尊。到了二里头三、四期，盉替代鬶成为白陶器类中数量最多的一种，占到50%以上，相反鬶减少为30%，爵则增加到近20%，其他器类很少见到。到了二里冈晚期，盉继续增加，占到60%以上，其次是鬶与爵，分别占到18%左右，其他器类也很少见。根据二里头遗址五区出土白陶器类统计资料可以看出，白陶基本仅限于制作鬶、盉、爵这三种器类，其他器类在整个二里头到二里冈文化期间都很少见。因此可以说，二里头、二里冈文化时期白陶的生产与使用主要限于礼仪性酒器器类，它在当时上层社会结构中具有特殊意义，是彰显统治阶层特殊祭祀性礼仪活动中不可或缺的重要器具。

四、南洼遗址出土的白陶器

南洼遗址在二里头文化中是十分重要的遗址，是我们非常有必要关注的。其重要特点就是在遗迹中发现制陶区和陶窑，并出土大量白陶器（图一一）。南洼遗址带来了一个令学者们期待的思考：二里头遗址中的白陶是否制作于南洼遗址？南洼遗址是否为二里头都城的一个制陶作坊？尽管分析结果显示它们没有直接关系，但在离二里头遗址非常近的地方出土有白陶，且存在与烧制有关的遗迹，我们有理由认为它们实际上应当存在一些关系。

在南洼遗址全部发掘的700多个灰坑中，有23个灰坑出土有白陶器，根据南洼遗址出土白陶登记表可知，23个灰坑共出土40余件可辨认器类的白陶，如果将其所占百分比表示为饼状图（图一二），可以看出来自龙山文化的鬶依然占所

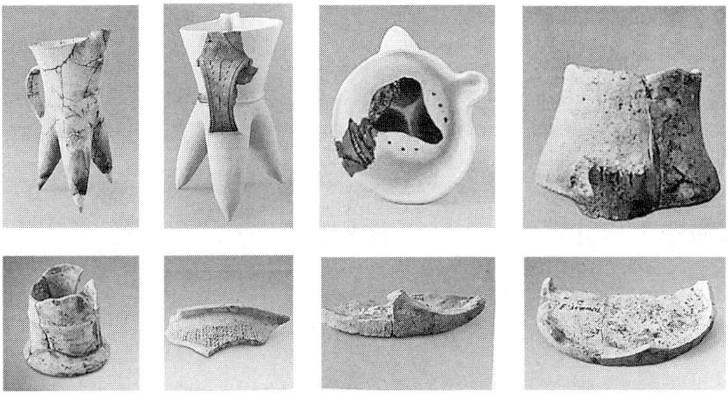

图一一　南洼遗址出土的白陶器

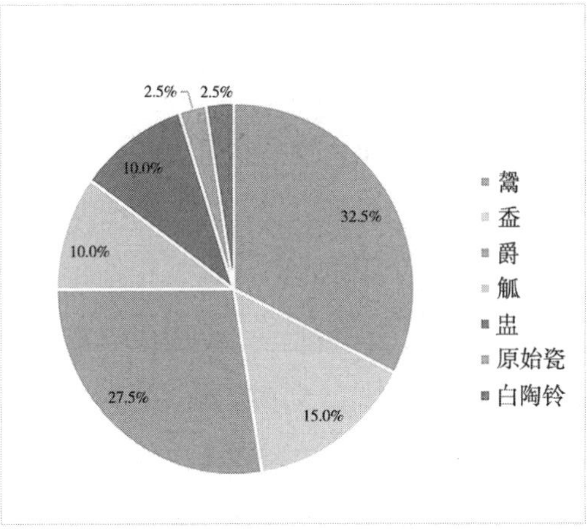

图一二　南洼遗址灰坑出土白陶中各个器类所占百分比

有白陶器类的32.5%，是比例最高的。南洼遗址二里头文化期共发现22座墓葬，但是有随葬品的仅2座墓葬，分别随葬爵、豆、瓮（2004M1）和圆腹罐、豆、深腹盆（2004M9），其余20座除了个别有少量绿松石珠和口含贝，均没有随葬品。在南洼遗址二里头文化期墓葬中除此以外更未曾见到有随葬白陶的记录，这一点值得关注，这说明南洼遗址的人制作的陶器自己并没有使用。

在 23 个出土有白陶器的灰坑中，7 个出土有鬶，7 个出土有爵，3 个出土有觚，4 个出土有盉，鬶与爵占多数。非常有意义的是其中的 7 个灰坑中均有鬶、爵、盉与觚、盅、杯的组合出土。灰坑从某种意义上说即垃圾坑，因此这些陶器并非人们有意放置进去的，这也许反映了当时的饮酒器具已形成一种较为固定的组合。

五、二里头文化周边地区的礼仪性陶器

研究二里头文化周边地区的礼仪性陶器，我们首先要看赤峰大甸子墓地。大甸子墓地中出土的鬶和爵是在模仿二里头文化器物的基础上加入了一些本地因素，与二里头文化的器物分期不同，这些器物具有明显的北方地区礼仪性特色。器物的彩绘为烧后彩，因为十分容易脱落而不能在日常生活中使用，只能做随葬品。烧后彩与生活用陶器上的彩绘颇有差异，这种传统很可能一直延续至汉代。酒器也同样受到二里头文化的影响，但并非照搬，而是模仿制成。在四川、甘肃、安徽、上海均出土有这类礼仪性陶器和青铜器，与二里头文化密切相关。

周边地区还需要提到三星堆遗址。三星堆遗址中出土的酒水器中盉为多数，个别盉器形瘦长，袋足相比中原地区的盉也较为夸张（图一三）。将三星堆出土的生活宴饮陶器放在一起探讨，我们能够明显看出其中体现的两种文化因素——本地文化因素和二里头文化相关因素。

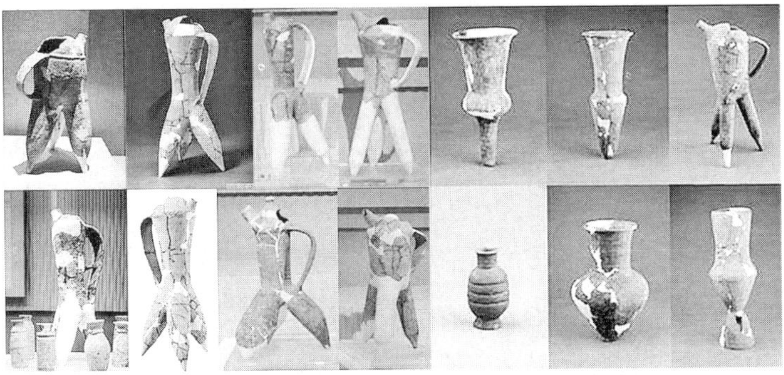

图一三　三星堆出土的酒水器

湘西和湘东地区出土的二里头文化因素陶器也是如此，这一地区同时还发现有玉器、石璋、豆，均为礼仪性器物，不难看出，这正是二里头文化的礼器向更远地区扩展的表现。而江淮地区与之相比有所不同，其器物中酒器数量较少，这就说明礼仪性陶器传播地区虽然广泛，但并非覆盖所有地区。

六、二里头文化时期的其他礼仪器

这一部分我们延伸一下二里头文化时期其他的礼仪器。从前面所讲的主要内容中不难看出陶器在二里头文化时期的重要性，那么二里头文化上层社会的分级是依靠陶器来表示的吗？我认为不是的，因为二里头文化除陶器外，还拥有着其他重要的礼仪器。

这里我要讲的玉璋可能大家都比较熟悉，二里头文化时期的玉璋是值得单独讨论的，我们可以把它称为二里头式玉璋。二里头式玉璋以二里头遗址为基点，在极为广泛的范围内进行扩散，延伸至广东、香港，甚至越南北部地区，并且可以看出扩散过程是具有一定的规划性的。事实上礼仪性陶器的扩张和玉璋是相似的，它们存在于同一个社会背景下。因此我们可以说，这个时期属于一个扩张时期，二里头文化或是将自己的因素在可能的范围里进行扩张，或是出于自我保护，使酒水器和礼仪性玉璋在这一时期扩展到了更为广泛的地区。

二里头文化实际上是从三期开始出现许宏老师所说的礼仪用器的制度化。从另一个角度来看，二里头文化时期制陶作坊数量颇多，与当时铜器制作工艺不发达有关，铜器直到三期才开始出现，在此之前陶器仍然承担着非常重要的礼仪性角色。

二里头文化时期到二里冈文化时期青铜礼器的发展开始出现变化（图一四）。在二里头文化三期晚段开始出现铜礼器，到四期晚段（即二里冈早期早段）铜礼器开始大量出现。铜礼器在两个文化接续期间发展至基本成熟，还出现了成套

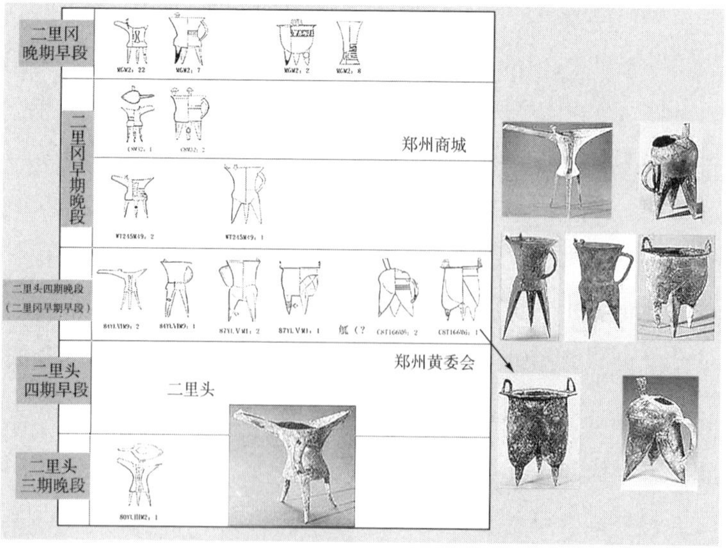

图一四　二里头至二里冈文化时期青铜礼器的流变

的器物组合。在二里冈文化时期，陶制的爵、斝、觚基本被青铜器替代，继而陶器的功能在二里头文化四期之后逐渐减弱。不过这里需要特别说明一点，虽然都城内部的礼仪性陶器已经被青铜礼器替代，但文化传播过程具有一定的滞后性，向外传播的陶器还没有被替代。

七、礼仪性陶器和原始瓷

讲到这里，我们就需要考虑原始瓷的问题，可以肯定的是，礼仪性陶器与原始瓷之间是具有一定关系的。原始瓷在中原地区虽然有所发现，但数量很少，原始瓷究竟从何而来是一个问题。二里头文化时期已出现原始瓷，但人们并没有使用相对珍贵的原始瓷制作礼器，其中的原因也是一个值得探讨的问题，我认为这当中可能存在一种文化的传承。在二里头文化时期，一些上层社会人群已然知道原始瓷的存在，在不缺少制作原料——瓷土（白陶的制作原料）且具备原始瓷的烧制技术的条件下，却并没有烧制原始瓷。这一现象可以看作一种文化选择的表现，即中原地区的人们依然有选择性地使用自己的主流陶器——白陶或精制灰陶。原始瓷与普通陶器相比，工艺有所变化，其特殊性有三点：一是温度需要达到 1100 摄氏度以上；二是不能使用一般的陶土制作；三是需要施釉。二里头文化时期目前为止发现的原始瓷不超过 10 件，极大可能是因其传入中原地区时间较短，需要一定的文化适应过程。

我在这里列举几件二里头文化时期的原始瓷（图一五），这些器型在二里头文化器类中实属罕见，存在明显的外来因素，从外观上看基本就可以确定非中原地区烧制。根据测试分析，其烧制方法来自浙江地区。

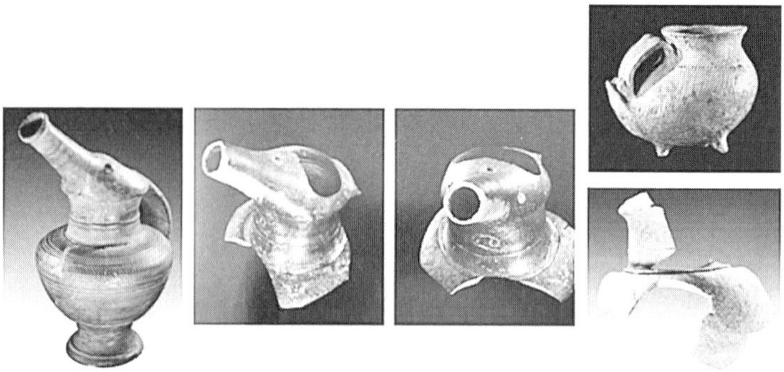

图一五　二里头遗址中的原始瓷器型举例

浙江地区原始瓷的来源曾经历了反复的研究过程，20世纪90年代以前学界多认为其是从江西地区传播过来的，因为江西是中国南方地区瓷器的一个集中产地。不过学界得出这一结论的原因，可能和当时的研究对长江三角洲地区瓷器的关注度较低有关。2000年以后在浙江瓢山发现了原始瓷的瓷窑，其时代约为公元前1800年，处在二里头文化范围以内，这证明夏王朝时期原始瓷已经开始烧制，不过所烧制的器型十分有限（图一六），与上海马桥遗址的器型相似度较高（图一七）。这一时期上海马桥遗址中的二里头文化进入到上升层，逐渐开始向外传播，那么与之相应的，浙江地区的原始瓷也自然地传播到了二里头文化遗址。从文化传播的角度来看，浙江地区的原始瓷传到二里头文化地区并不奇怪，因为文化交流是双向的，不存在二里头文化地区单向传入浙江地区的情况。所以在二里头文化的形成期，长江三角洲地区对其影响力较大是说得通的，从鬶和盉及原始瓷来看，上层社会之间很可能在早期就已然存在交流。

图一六　浙江瓢山瓷窑出土的原始瓷

图一七　上海马桥遗址二里头文化时期的原始瓷

八、二里冈文化时期礼仪器的变化

分析二里冈文化时期礼仪器的变化，我们首先考虑到礼仪性陶器。这一时期的礼仪性陶器极少，无论是在数量上还是在器物种类上，我认为都呈现出了一种衰落的景象。而且二里冈文化时期的礼器已经开始发生变化，或在器型上，或在材质上，其变化原因主要是夏商王朝的更替。在更替过程中，二里头文化的部分礼仪性器物在早期仍然作为容器使用，但已不是主流器物。

这里需要提到二里冈文化的社会背景，即在二里冈文化中最大的城址之外，还有许多面积非常小的小型城址，最大城址和小城址面积差异巨大。这从一个侧面反映出社会制度与社会背景在二里冈文化时期可能发生了较大的变化。

具体发生了怎样的变化，我们可以参考二里冈文化王都、地方性城郭、一般遗址出土陶器的器类、器型对比图来看（图一八）。这里我是比较希望这三种不同性质、不同级别的遗址出土陶器会存在着一定的差别，但是可以比较明显地看出它们的差别不大，基本都是同类容器，礼仪性陶器极少。二里冈文化时期的器类与二里头文化相比数量较少，前文所提

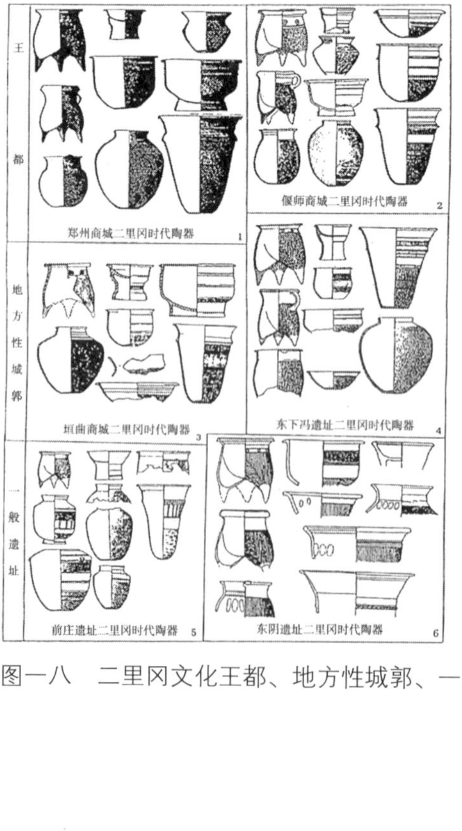

图一八　二里冈文化王都、地方性城郭、一般遗址出土陶器图

到的整套礼仪性陶器在这一时期极少见到。但有一点值得关注，即其文化内部的器类与器型高度一致，甚至可以说如同机器流水线制作而成，罐、鬲的大小都近乎一致，这是二里冈文化时期陶器的一个典型特点。

二里冈文化时期许多遗址均出土有铜器和玉器，多见于墓葬、祭祀坑，分布范围广泛。所以这一时期的祭祀礼仪用器主要为铜器和玉器，从它们较为固定的分布范围来看，上层社会和地方之间应当存在一定的关系。此外，二里冈文化时期开始出现一些较为专业的手工业作坊，它们不是早期社会中那种会烧制多种器物的作坊，而是有了专业分工的作坊。比如豫北地区发现的几个遗址中只有陶衣出土，这代表着其内部分工已经开始出现。郑州商城中的两个作坊，一个烧制细泥陶，一个烧制粗砂陶，这同样是分工的表现。

如果我们的视角离开郑州商城，从宏观地域上来看，豫北地区几个遗址均只烧制陶衣这一现象甚至代表着这一时期的分工不止局限在一个城址里，更多地体现出了社会的变化。通俗来讲，就是有一批人不再以耕种为主业，不再完全自给自足地生活，社会中存在一批完整的手工业工人，他们的粮食需要另一批人来提供，手工业作坊的制度已然产生。所以很可能在这一时期，集权制度已经开始产生，礼制也随之发生了很大的变化。

九、总结

总的来看，袋足鬶最早出现于大汶口文化中晚期，而实足盉则最早出现于长江下游的河姆渡、马家浜文化时期。在大汶口文化时期山东多见带流实足盉，与长江下游的形态相似。而到了龙山文化时期，山东的袋足鬶则在长江下游如苏北、湖北的一些遗址中出现，这暗示着两地之间在鬶与盉的使用上曾相互借鉴。江南的黑皮陶实足盉虽然也精心制作，但是始终没有成为被广泛地域认可的礼仪性陶器，而仅仅存在于良渚文化分布圈。袋足鬶则不同，在龙山文化社会重组之际，它曾扩展到长江下游、淮河流域、中原地区等，显示着较强的影响力，因而一直到早期青铜时代的二里头文化时期仍持续存在，虽然在其后的青铜礼器出现之际走向衰落，但仍然是陶质礼仪器中存续时间最长的器类之一。

在早期青铜时代的二里头文化时期，龙山文化晚期出现的封顶盉在中原地区替代袋足鬶成为礼仪性陶器，并与新出现的爵与斝形成新的礼仪陶器组合，成为其后中国流行千年的青铜礼仪器类的祖形。它的形状与山东的袋足鬶相似，但是没有用火痕迹。这就暗示着它与龙山文化鬶虽然形态相似，但是从产生之际其功能就不同，鬶可能既用于温酒，也用于分酒，而封顶盉只是分酒器，需要出现在礼仪祭祀场景之中，象征的意义更浓一些。它是其后与新礼仪性饮酒器——爵在广大范围地域中均有发现且扩散最广的陶质礼仪器类。

二里头遗址与南洼遗址非墓葬类遗迹出土的礼仪性陶器及组合是当时宴饮礼仪器具的代表，它们不仅用于随葬，更是当时生活中非常重要的礼仪祭祀场合必备器具。南洼遗址灰坑中的礼仪陶器组合是祭祀用器的代表，十分值得关注，而二里头遗址特定的白陶类礼仪性酒器则暗示着白陶生产体系与一般生活陶器相比具有特殊性。

礼仪性陶器研究多以墓葬材料为主，我认为丧葬礼仪与生活中的宴饮礼仪有所不同，我们并不能从墓葬礼仪陶器组合完全复原生活中的礼仪场景。因此，关注非墓葬类遗迹出土的礼仪性陶器及其组合的研究具有重要意义。

硬陶与原始瓷作为制陶技术的一个革新具有划时代的意义，它的技术发源地应该在长江下游的浙江一带，瓢山原始磁窑（BC1800）的发现为中原地区二里头文化时期硬陶与原始瓷的产地研究提供了资料。当然二里头文化的原始瓷与同样使用高岭土的白陶有关也值得思考。这里有一点值得今后关注，那就是虽然硬陶与原始瓷都是高新技术的产物，但是它们在很长一段时间内，在中原地区并没有用于对上层社会来说很重要的礼仪性器类上，比如封顶盉、爵、斝等，而是始终用于与江南原始磁窑产品一致的瓮、盆、高领罐、豆、带盖罍等盛装食物的器类上。

第十一讲

日本的夏文化研究历程

主讲人：秦小丽　复旦大学文物与博物馆学系暨科技考古研究院教授

讲座时间：2021 年 7 月 21 日

讲座地点：第四届河南大学夏文化暑期研讨班

整理人：丁福林　河南大学历史文化学院 2019 级考古学硕士研究生

一、2003 年之前日本学术界关于夏文化的研究

（一）白鸟库吉与“尧舜禹抹杀论”

白鸟库吉（1865—1942），日本东洋史学界泰斗，日本东洋史学东京文献学派创始人，北方民族史、西域史、朝鲜史、中国神话研究的开拓者，一生在人种、语言、宗教、历史、民俗、神话、传说、考古等领域贡献颇多，是日本近代东洋史学界的著名学者。（图一）

1909 年，白鸟库吉在东洋协会评议委员会上讲演指出：厘清中国哲学就要研讨中国古代传说。传说的思想背景为儒学，其中人物多与儒学相关。历史传说常常衍变为历史真实，但少有学者怀疑与考实，其中可置疑而当否定的是有关“尧舜禹”的传说。

图一　白鸟库吉

他大胆议论：《尚书》中的《尧典》《舜典》《大禹谟》以“曰若稽古”起句，皆非当时所记。尧、舜、禹为古代圣王，孔子推崇，然而着实研讨，却有很多值得怀疑的理由，倘能舍弃成见，当不以“吾人之论断”为不当。这就是轰动史界的“尧舜禹抹杀论”。此观点的提出在日本史学界掀起轩然大波，成为日本疑古史学的标志性事件，揭开了日本疑古思潮的帷幕。继承与发展这个思潮的有内藤湖南、津田左右吉等人。

事实上，白鸟库吉在提出“尧舜禹抹杀论”的同时，也将批判的矛头对准了日本古代史学、日本神代史。他认为日本不是“神国”，神代史只是世俗历史在神秘天空的投影与古代御用史家别具目的的杜撰。白鸟库吉著有《卑弥呼考》一文，考据“卑弥呼”这个日本先祖级人物的存在情况。

白鸟库吉的研究范围基本有三个方面：一是受西方实证史学影响，以史料批判方法考辨民族古史，在朝鲜史研究方面如《檀君考》《朝鲜古传说考》，在中国古代史方面则有《中国古传说之研究》《尚书的高等批判（特别关于尧舜禹）》等。二是运用比较语言学方法辨析民族语言，撰有《突厥阙特勤碑铭考》《日本古语与朝鲜语之比较》《匈奴及东胡诸族语言考》《朝鲜语与乌拉尔 – 阿尔泰语之比较研究》。三是结合语言比较（对音）之法，考证中国北部边疆民族史及中外交通问题。

（二）和田清

图二　和田清

和田清（1890—1963），日本大正—昭和时代著名的东洋史学家，东京文献学派第二代领袖之一，文学博士，长期担任东京大学教授，曾培养了大量杰出的史学人才。（图二）他重视实地调查，坚持东京文献学派的学术传统；注重文献收集和考证，推行原典研究，崇尚“文本主义”或“文献主义”。和田清专长满蒙史、中国政治史及明史的研究，著述丰硕，影响较大，代表作有《内蒙古诸部落的起源》《东亚史论》《中国史概说》《东洋史》《东亚史研究·蒙古篇》等。

和田清认为夏王朝是实际存在的。

1952年，在《夏王朝は果して実在したか》报告中，和田清列举了几条证据证明夏王朝的真实性：第一，既然殷代之前存在一个王朝，而正好有夏王朝在此之前，夏王朝本身应该是存在的。第二，如果文献不是完全伪造的，而夏是伪造的话，其后的殷代民众来传递夏的相关传说则没有理由。第三，后世一般称中国就是指夏，比如“时夏”“华夏”“区夏”“裔不谋夏”“诸夏”。本报告收录于《日本学士院纪要》第一〇卷第一号。

（三）青木正儿

青木正儿（1887—1964），日本著名汉学家，文学博士，国立山口大学教授，日本学士院会员，日本中国学会会员，中国文学戏剧研究家。（图三）20世纪20年代，他到中国访学，与胡适有直接的交往。《中华名物考》和《华国风味》是其风俗、名物学著作。

图三　青木正儿

青木正儿有关夏文化的论著不多，仅见《尧舜传说的构成》一文，该说在日本学界影响有限，实际上青木正儿从文献学的角度，否定了夏的存在。

20世纪六七十年代是日本夏文化研究的一个空窗期。

（四）浅原达朗

浅原达朗，京都大学人文科学研究所教授，主攻甲骨金文、夏商周史及相关考古学研究。（图四）

图四　浅原达朗

《夏文化探索の道》（《夏文化探索之路》）一文发表于1984年《古史春秋》（日本）第一号上。浅原达朗在《夏文化探索之路》一文中对1983年以前的夏文化探索进行了梳理，主要涉及四个方面：一是疑古派和释古派；二是二里头文化与夏；三是夏文化比定的根据；四是夏文化探索带来的结果。在文中，浅原达朗对考古材料和文献进行对比，对夏的存在给予了正面评价，认为中国的考古工作及研究成果是积极有益的。该文是日本20世纪50年代后首次在题目中使用“夏文化”一词的论文。

（五）饭岛武次

图五　饭岛武次

饭岛武次是中国考古学者的老朋友，曾到北京大学访学多次，参加过中国多次考古发掘工作。他从1998年到2007年任日本中国考古学会会长，1999年任东洋文库研究员，2009年到2014年任北京大学考古文博学院客座教授。（图五）

饭岛武次于1985年出版的《夏殷文化考古学研究》一书是日本第一部关于夏文化考古学研究的专著。他在文中认为二里头遗址是商汤西亳，对夏则仍存疑。该书代表了饭岛武次早年的观点。

图六　工藤元男

（六）工藤元男

工藤元男，早稻田大学教授，1974年毕业于早稻田大学历史地理专业，主要研究方向为出土文献与中国社会史等。（图六）他在1998年出版的“岩波讲座　世界历史”系列之三《中华的世界》一书中发

表《从出土文字资料；アジールな神；禹の初源を求めて；人面鱼纹，羌寨における禹の伝説；古羌人の遷移と成都平原の古城》一文，追寻“禹王”的起源是古代羌族的神，认为这至少反映了夏王朝对周边地区的影响。他的研究主要以文献记载、历史地理及民俗学、考古学的结合为特点。

日本也有类似《中国考古学年鉴》的年度学术综述类图书，在 2004 年的《外国考古学研究动向》（日）中，其章节设置中并未提及夏，只列出“殷周”一节。用“殷”不用“商”即反映出日本学术界尚未承认早商的存在，更别说夏了。但文中也记述了不少二里头文化的相关内容。

我们对 2003 年之前日本学术界的夏文化研究进行总结，会发现日本学术界经历了从“尧舜禹抹杀论”到“有条件的不可知论”的转变。国际学术界关于夏王朝是否存在的问题，观点是不断演变的。在日本历史学界，最早关注古代文献中有关尧舜禹记载的是东京文献学派的创始人白鸟库吉，主张“尧舜禹抹杀论”和“神代史否定论”，认为中国上古历史均为虚构。但是在 20 世纪 50 年代，他的弟子和田清则发表了与他完全相反的观点。此后的几十年间，日本学术界鲜少见到讨论夏文化或者夏王朝是否真实存在的课题。20 世纪 80 年代中期，随着考古资料的增加，相关研究有所展开，但是大多数研究是针对以考古学文化命名的二里头文化、二里冈文化的。直到最近十几年，有学者转向了“有条件的不可知论”，浅原达朗即属于这一类学者，他基本肯定商代之前夏王朝的存在，但是他认为目前的证据还不足。

二、2003年学术界关于夏文化研究的转折

（一）冈村秀典

图七　冈村秀典

冈村秀典毕业于京都大学文学部，1982年作为留学生进入北京大学学习，历任京都大学文学部助手，九州大学文学部副教授，京都大学人文科学研究所副教授、教授、所长等职务。（图七）他2000年获得第13届滨田青陵奖，2019年获得“立命馆白川静纪念东洋文字文化赏”，师从樋口隆康、林巳奈夫教授，受宿白、邹衡、俞伟超和严文明等先生的熏陶，主要研究中国考古学，并多次来华参与考古调查和发掘。著有《三角缘神兽镜的时代》（吉川弘文馆，1999年）、《夏王朝—王権誕生の考古学》（讲谈社学术文库，2007年）、《中国古代王权与祭祀》（学生社，2005年），编著有《国家形成的比较研究》（学生社，2005年）、《云冈石窟：遗物篇》（朋友书店，2006年）、《云冈石窟的考古学研究》（四川人民出版社，2020年），主编日文版《云冈石窟》20卷（科学出版社，2014—2018年）。

前文提到在2004年《外国考古学动向》一书中，冈村秀典未承认夏，但2003年出版的《夏王朝—王権誕生の考古学》一书中，他明确使用了“夏王朝”一词，这在日本学术界引起了轰动。讲谈社在宣传中直言：“二里頭遺跡で発見された夏王朝は、中国の第一王朝と呼ぶにふさわしい、4000年

の文明のはじまりを画期づけるものであった。”

在 2007 年《夏王朝—王権誕生の考古学》的新版《夏王朝——中国文明的原像》一书中，冈村秀典认为“无论是肯定还是否定夏王朝的实际存在，都有必要把所有古典文献的记录整理好，……坚持把这些记载作为代表战国时代或者汉代记载的立场的重要资料”，也就是说，战国、汉代的文献也只是战国、汉代时人们对夏的记忆，未必是我们在寻找的夏。本书肯定了夏王朝的实际存在，“但是，我想尝试讨论的并不仅仅是夏王朝的实际存在，而是延续到 20 世纪的中国 5000 年文明是什么，其起源有着怎样的特质，又是经过怎样的过程促使王权和王朝诞生的”。

为何在 2003 年出版了《夏王朝—王権誕生の考古学》？其实，这是顺理成章的事。在此之前，冈村秀典已进行了大量研究工作，如在焦作府城等遗址的发掘研究等。

冈村秀典在新作《中国文明——农业与礼制的考古学》中未直接谈及夏文化，但其中论述言：“两千多年前，司马迁在《史记》中第一次阐述了中国古代王朝的更替史。在以黄帝为首的五代圣王的传说时代，继承王位是通过禅让的方式完成的。最后的舜传位于对治水和开发国土有功的禹。禹晚年虽传位于功臣益，但益让位于禹之子启，结果就造成了王位父子相承的事实。这一世袭王权确立了中国最早的王朝——夏王朝。夏第十七代的桀王失政，为商汤王所灭，于是商取代了夏。第三十代商王纣王无道，为周武王所灭。王失德，有德圣人承继天命，遂有了王朝交替。”这表明冈村秀典认为夏是王朝国家，世袭制在此时确立。

（二）饭岛武次

前文讲到饭岛武次在 1985 年时并不认为二里头遗址代表着夏，但到了 2003 年其新作《中国考古学概论》（成同社，2003 年）出版时，他转而认为“二里头文化是夏王朝时代的文化应是合理的”。产生这种转变的主因是偃师商城的发现。“《夏殷文化考古学研究》中，笔者曾认为二里头类型三、四期是商文化。如果将偃师商城作为二里冈文化下层一期的开始，并据上述文献将其定为西亳的话，那么二里头类型三、四期是商文化的观点就无法成立。由此，二里头遗址可能正是早于二里冈文化 250—500 年的那段历史空白的青铜文化遗址，即夏文化遗址。”

此后，饭岛武次在文章中常用夏王朝、夏文化的概念，并从多方面进行研究。2012 年出版的《中国夏王朝考古学研究》一书是他有关夏王朝研究的总结。2020 年《二里头考古与夏王朝的真实存在》（《历史研究》2020 年第 5 期）一文表达了其最新的看法：“我们可以根据间接证据，认为二里头遗址应是夏王朝遗址……《夏本纪》的赫然在列，正说明司马迁也认为夏王朝是中国历史上真实存在的王朝。”

（三）宫本一夫

宫本一夫，1958年生于日本松江市，京都大学文学部毕业，京都大学大学院文学研究科硕士、文学博士，曾任京都大学文学部助教、爱媛大学教授，现任九州大学大学院人文科学研究院教授，专攻东亚考古学。（图八）他的足迹遍布大半个中国，曾参加湖北阴湘城遗址、江苏草鞋山遗址、内蒙古岱海遗址群等中日联合考古发掘工作。

他主要研究东亚新石器时代至初期铁器时代的比较考古学及比较文明论。目前在中国的研究课题是“关于水田农耕起源地及初期青铜器的共同研究”。2003 年他获得第 16 届滨田青陵奖。

图八　宫本一夫

宫本一夫在 2005 年由讲谈社出版的《中国の歷史 01 神話から歷史へ》(《从神话到历史》)一书中认为二里头文化相当于夏文化。二里头文化三期已经拥有了更加明确的称得上初期国家的条件，至于二里头文化是否相当于初期国家阶段，宫本一夫根据王陵、墓葬棺椁结构、随葬品、祭祀活动四个标准来判断。他认为，二里头文化可以证实在商朝之前，中国存在一个更古老的文化。如果这就是传说中的夏王朝，那么夏王朝的社会进化尚未达到成熟的王权阶段，而是处于王权的形成期，并不像商朝那样已经具备了王朝或国家的资格。他将其定位为初期国家形成期或萌芽期，或者叫作“前王朝年代”。在《中国初期的青铜器文化的研究》（九州大学出版会，2012 年）一书中，宫本一夫对初期国家的定义进行了解释。

（四）“夏王朝之谜”学术研讨会

2005 年在日本东北学院大学召开了“夏王朝之谜”学术研讨会。参会学者有饭岛武次、冈村秀典、宫本一夫、平势隆郎、渡边秀幸、佐川正敏和谷口满等，中国学者王巍先生受邀作了《夏王朝考古新发现》的报告。据谷口满说：“司会の一人として一つだけ感想を述べるとするならば、やはりわが国の研究者は当然のことながら、この段階に至つても夏王朝の実在に対して百パーセントの同意を表明していないことが明らかになったことである。実在の可能性が飛躍的に高まったことを認めつつも、中国の研究者のように素直に百パーセントの信頼を与えてはいないのである。座談会の議論が、夏王朝の実在うんぬんよりも、むしろ龍山文化晚期、二里頭文化時代における初期国家の形成に視点をおいて推移したことにはっきりと示されているであろう。わが国の研究者にとって、謎の夏王朝は依然として謎のままであるといわねばならないが、龍山文化晚期を含む二里頭文化時代にすでに一種の王朝が成立していた可能性、そしてそれが夏王朝であった可能性は飛躍的に高まったといわねばならないであろう。”日本学界虽然不像中国学者那样百分之百相信夏的存在，但认同的比例也在提高，研讨会的重点由夏王朝的存在转向讨论从龙山时代晚期到二里头时代初期国家是否存在。在 1985 年著作中把二里头文化的三期、四期看作殷的前期，否定夏王朝的实际存在的饭岛武次先生，在“夏王朝之谜”研讨会中提出了“夏王朝存在的可能性无限高”的观点，转变了对夏王朝认识的态度，并在此后发表了较多有关二里头文化与夏王朝的研究的文章，成为积极肯定二里头文化就是夏文化、二里头都城遗址就是夏王朝首都的学者之一。不过总的来说，夏王朝的存在对日本学者来说仍是个谜。

三、日本关于二里头、二里冈文化的研究历程

日本学界对二里头、二里冈文化的研究要比夏文化的研

究热烈得多，涉及的学者也较多，包括小川诚、西江清高、小南一郎、内田纯子、工藤元男、菊地大树、德留大辅、佐野和美、久慈大介、久保田慎二等。

小川诚在《中国古代王朝成立期の考古学的研究》（鹿岛出版会，2000年）一书中，对从龙山时代至二里冈时代的陶器进行了分析研究，并以其为切入点，探索社会发展、文化交流的情况。

图九　西江清高

西江清高曾在北京大学跟随邹衡先生学习。著有《二里头文化时期中原王朝的政治空间模式》[《夏商都邑与文化（一）》]等文章。（图九）西江清高曾举办了日本第一场以二里头文化内容为主题的学术会议——“中国初期王朝时代の诸问题”。他对二里头文化、初期王朝有着深入研究，但未提及夏。他认为在出土材料不足的情况下，要慎用“夏”来称呼二里头文化（《世界历史体系·中国史Ⅰ》，山川出版社，2003年）。

小南一郎，京都大学文学博士，一生任教于京都大学人文科学研究所，退休后转任位于京都的泉屋博古馆馆长；1975年获日本中国学会奖，1984年获东方学会奖，曾任日本驻中国大使馆文化专员、日本中国学会评议员、东方学会评议员、日本道教学会理事、日本甲骨文学会会员，主要从事中国古代文明史、古代神话与楚辞学研究。（图一〇）他一生著述甚丰，其中有《中国文明の形成》（朋友出版社，

图一〇　小南一郎

2005年)。在担任东方学会评议员期间，在2002年的第47届国际东方学者会议上，他组织了“中国国家起源——二里头文化的探讨”讨论会，参会发言的有冈村秀典、罗泰、饭岛武次等。

内田(难波)纯子，台湾“中央研究院”历史语言研究所研究员，1984年毕业于日本京都大学文学部，主要专攻夏商时期(二里头、二里冈和殷墟时期)的青铜器研究，如殷墟时期青铜器的制作技术等。(图一一)在2000年左右，她曾经对二里头、二里冈文化时期的铜器尤其是酒水礼仪铜器进行了研究，主要研究成果有《初現期の青銅彝器》(《史林》第72卷第2号，1989年3月)、《土器からみた夏商文化の拡散について》(《中国古代都市の形成》，冈村秀典编《2000年度科研费研究成果报告书》，2002年)、《夏－商代(紀元前15～11世紀)の青銅器の広がり》(《龙谷大学国际社会文化研究所纪要》第10号，2008年6月)、《二里頭・二里岡期の青銅爵の復原実験鋳造》(《アジア鋳造技術史学会2021高岡大会研究発表概要集》第14号，2021年8月)等。

图一一　内田纯子

关于二里头文化的研究成果，日本学者多在日本中国考古学会年会上发表。菊地大树在《二里头文化炊煮器的变革》（《中国考古学》第4号，2004年）一文中认为二里头文化深腹罐底部从平底向圜底的形式变化，与文化性质无关，应与或炊或煮的用途有关。同期上，德留大辅提交了《二里頭文化二里頭類型の地域間交流——初期王朝形成過程の諸問題から》一文，佐野和美汇报了《中国における初現期の铜器・青铜器》一文。另还有久慈大介的《二里頭遺跡出土土器の製作技術研究：土器成形段階における製作技術上の問題を中心として》（《中国考古学》第12号，2012年）、久保田慎二对下七垣文化墓地的社会结构进行分析的《劉荘遺跡からみた下七垣文化の社会構造》（《东京大学考古学研究室研究纪要》第30号，2016年）等。

四、总结

（一）日本学者的夏文化研究历程

日本考古学者在20世纪80年代之前，基本上是以文献及中国学术界发表的有限的考古资料来进行研究的。他们无法对1949年以来新中国考古在学术上的收获特别是夏商周考古的重大突破详细掌握，只能关注所在国家的博物馆收藏的中国青铜器、玉器等不具系列性和时代地域性模糊的文物，因而对夏商周三代的了解有限。这一时期的研究多以文献记载、甲骨金文等传世及出土文献为主，史学家和文字学家的研究成果占据主导地位。当然中国学术界关于夏文化或者夏商分界之争也对日本考古学家有所影响。

20世纪90年代之后，一批早期留学中国的考古学专业学生加入日本的大学等研究机构，再加上中国对外开放及大量考古发掘成果的公布，日本学术界开始重新认识文献研究中的夏文化、二里头文化，也开始密切关注中国学术界的动态。特别是在中国对外开放的大好形势下，中日合作发掘研究项目提供了很好的机会，使得一批新锐学者从考古新资料和新的研究成果中敏感地意识到了夏文化逐渐被考古资料证实的可能性。虽然很多结论仍不是断言，是有条件的不可知论，但是可以用以分析的资料的增加，使2003年成为转折点，日本出现了研究夏文化、二里头文化的高峰期，也出现了三位在日本考古学界举足轻重的学者（冈村秀典、饭岛武次、宫本一夫）明确认可夏王朝、夏文化。

（二）二里头、二里冈文化研究——重视基于田野考古基础资料的细致分析

若对20世纪90年代以来的研究再行细分的话，20世纪90年代到2003年之前，日本考古学家主要是以二里头文化、二里冈文化作为研究的焦点，较少讨论其是否为夏文化及夏商分界这样中国学术界热衷的课题，而是从生业环境、社会生活、聚落体系、技术与工具、农业与礼制、都市国家、初期国家及地域之间的动态交流关系等进行考古学的细致分析，特别是关于玉器、陶器、早期铜器、动植物、二里头文化的空间分布及与二里冈文化的交替过程、农业与礼制等生业体系的研究成果比较多。这些研究成果均源于2000年之前对中国发掘考古资料的用心分析，以及2000年之际多个中日合作研究项目从关注早期长江下游、中游，东北、内蒙古地区到

关注中原中心地区和西南等地相关遗址的合作课题设置的转变。1998年河南焦作府城遗址的中日合作研究就是这一例证。此后一批更为年轻的学者对二里头遗址的陶器、早期铜器等方面也进行了具体的分析（宫本一夫研究团队、久慈大介、德留大辅、内田纯子等）。这些考古学基础研究成果的积累，是2003年出现夏文化研究转折的根本原因。考古学家对考古资料的基础分析与成果积累，始终是解决长期以来文献与考古结合断层问题的重要途径和必然过程。

（三）日本考古学界对夏文化或者夏王朝的认识

日本学术界承认夏文化或者夏王朝的存在，其理由是什么呢？冈村秀典认为必须尊重古代典籍，倡导全面梳理战国到汉代撰写的有关夏王朝的所有记录并进行甄别，不能仅仅选取其中对自己有利的片段进行释读与牵强附会。他还强调这些文献记载是战国时代人或者汉代人眼中的夏王朝，这与真正的夏王朝之间不仅有时间距离，也有内容上的巨大差异，在对此充分认识的基础上进行夏王朝和夏文化的研究才是科学的。因此，他用大量篇幅对二里头文化时期的社会、经济、社会生活和祭祀礼仪等进行了全方位的论述，以期证明二里头文化作为夏王朝文化所具有的初期国家性质。

宫本一夫在2005年的著作中，与其说是承认夏王朝，不如说是讨论王朝国家的标准是什么，他具体列举了王朝国家的四个标准并与商王朝比较，由此认为商王朝之前的二里头文化还不能完全达到这些标准，若在商王朝之前的确存在夏王朝的话，那么这个王朝只能是初期王朝国家。因此，二里头文化也就是夏文化，二里头都城就是初期王朝夏王朝的都城。他在此后出版的专著中对初期王朝的概念进行了进一步的阐述。对于二里头文化至二里冈文化时期的广域王权国家遗存，日本学者首倡的“初期王朝”的提法是妥当的。

年代上进入了文献所载夏王朝纪年的龙山时代晚期，在考古学上并没有发现与二里头都邑和二里头文化规模相近、属于同一发展阶段的“核心文化”遗存。中原腹地见到的仍是不相统属的小地域集团及中心聚落林立，登封王城岗、禹州瓦店、新密古城寨等遗址（群）都属于这类遗存。因此，龙山文化晚期与二里头文化在考古学上的分界是非常明显的。

日本学者也认为夏王朝的问题首先是一个文献历史学的问题，不能直接牵涉考古学。他们在研究古文献的时候，都是首先把文献的成文时间及它的性质弄清楚。比如针对古文献里有关夏王朝的记载，要探索这些记载在古文献中的上下文背景，要明白作者在提到夏王朝时候的意图，也就是说，不能把古文献作为记录夏王朝历史的可靠证据，而只能作为战国时代的某个人有关夏王朝的记忆——他提到这个记忆，背后有具体的、跟战国时代的情况有关的需要，是不是他当时真正知道这个比自己早那么多年的时代的实际情况，则很难说。我们可以看考古材料中是否有线索让我们判断这些古文献中有关夏代的记载对不对，但是考古材料往往不适合解决这个问题。

无论如何，把战国时代成书的文献拿来解释公元前 2000 年的考古学材料有些勉强。如果谈到夏王朝的话，日本学者往往采取这样的一个提法，夏王朝在后来某个时代的文献中有所反映，其记载的内容是否真实，那就要等到将来有更可靠的材料再来判断。

尽管如此，日本学者现在也认为二里头遗址的物质文化表现，代表着初期国家的存在，二里头文化与此前的新石器时代文化完全不一样，达到了一个全新的发展阶段。这种考古学证据很可能就是古文献中提到的夏王朝。当然，还有一些学者仍然采取审慎的态度。

（四）中国学术界研究动向对日本的影响

中日两国因汉字在学术上的联系与其他国家相比要方便很多，相互之间的影响也更明显。中国史学和考古学界很早就开始了夏文化和夏王朝的研究，也是夏商考古学界几十年来的主要研究课题。“证经补史”的研究目的，使得中国学者在夏文化与夏商分界探索上倾注了极大的热情，其参与人数和发表学说之多、历时日之长都远超其他学术课题，围绕某个大遗址是夏都还是商都的“郑亳说”“西亳说”等学术讨论也留下很多研究论文。这一学术倾向也影响到了日本，比如饭岛武次从夏殷文化考古学到夏王朝考古学的转变就是很好的例证。

自 20 世纪 90 年代以来，随着中国考古发掘成果的积累及相关研究的进展，20 世纪 50 年代末开始发掘的二里头遗址的内涵得以大幅度地丰富与明晰化，作为早于商代的夏王朝都城的具体内涵也在一步步地得到证实。这些成果对日本考古学界具有较大影响。一批留学中国、会讲中文的日本考古学家亲自组织中日合作发掘项目，并以此开展相关周边遗址的空间调查与出土遗物的观察等，都使得日本考古学界关于二里头文化、夏文化的研究具体化、丰富化、多样化。此时他们得出夏王朝和夏文化研究的结论就不仅仅是受到中国学术界的影响，而且是从对二里头文化的生态环境、农业礼制、生活习俗、聚落构成、王权形态、社会组织等方面的研究成果而来的。

第十二讲

夏文化探讨的形势与任务

主讲人：刘绪　中国考古学会夏商考古专业委员会主任、北京大学考古文博学院教授

时间：2019 年 7 月 15 日

地点：第二届河南大学夏文化暑期研讨班

整理人：李平　河南大学历史文化学院 2018 级考古学硕士研究生

中国学者关于夏文化的探讨，从 20 世纪 30 年代初徐中舒先生第一次把考古材料与文献记载相结合，提出仰韶文化是夏文化之说开始，至今已有 80 多年历史。80 多年来，随着考古资料的积累和学者们的孜孜探求，考古界已在诸多问题上取得相当大的共识。但是，由于考古学自身的局限及当时文字材料的缺失，局部分歧不可避免地存在，我们要求百分之百准确也不可能，探索之路仍然漫长。近些年夏文化探讨发生了什么事儿？今后该怎么办？这些都是夏商考古学界非

常关注的问题。

一、关于夏文化研究的回顾

（一）关于夏王朝是否存在的讨论

在夏代文字尚未发现之前，论及夏王朝是否存在，应该从最早的有关夏朝记载的文献资料和文字资料谈起，现知符合这一条件的文献资料和文字资料均属于周代。文字资料为当时实录，未因后人转抄、诠释、增删等而致误，因而无可置疑。我们先来看文字资料。

现知几件（组）周代青铜器铭文提到禹和夏。如春秋齐器叔夷钟、春秋秦器秦公簋和秦公钟。其中秦公簋铭文颂扬秦之先祖“受天命鼏宅禹迹”，“虩事蛮夏”（图一）。秦公钟铭文也有类似内容。随州枣树林春秋中期墓葬出土编钟上的铭文中有“帅禹之堵”字样。保利博物馆收藏的西周中期遂公盨上有“天命禹敷土”字样。通过这几件（组）周代青铜器铭文，我们得出两点认识：第一，周代对禹和夏存在的认识非常普遍，不仅中原系统的周人或封国有此种认识，而且周王朝最边远地区的封国也是如此；第二，周代不仅认为禹和夏曾经存在过，而且视禹为英雄的观念也非常普遍。

图一　秦公簋及其铭文

把“处禹之堵”、宅禹之迹当作只有顺应天命才能取得的神圣而又辉煌的事业，这种观念至迟在西周中期已经形成。

到了汉代，有关夏代史事的记载更加系统，且往往把夏与商、周二代放在一起并列，视夏为早期王朝的开始。司马迁编撰《史记》时即如此对待，在商、周之前为夏代专著《夏本纪》。汉代以来，人们一直相信夏代的存在。直到近代，因传统观念受到西学的冲击，疑古辨伪之风兴起，顾颉刚对夏代历史产生了怀疑，尤其怀疑禹的“人性”，以为是神话了的人物，强调其“神性”。但顾先生并未完全否定夏王朝的存在。随着甲骨文的破译和中国考古学的蓬勃开展，二里冈文化和二里头文化的发现使人们更相信夏代是存在的。

到目前为止，国内学术界大多数人认为二里头文化和部分龙山文化是夏文化。至于国外，尤其是西方国家的很多汉学家还未能接受夏王朝存在的观点。

（二）夏文化探索的历程

20 世纪初叶，甲骨文的破译和近代考古学的引进为历史研究注入了新的活力，开辟了新的途径。不少人相信“地下之材料”与“纸上之材料”的结合将会获得意想不到的成果。《史记·殷本纪》所见商先公先王大部分在甲骨文中被认定，使人们意识到《史记·夏本纪》的内容也不会全为子虚乌有，与商先公同时的夏王朝应该是存在的。1929 年秋，第 3 次殷墟发掘时，考古人员在殷代文化层内发现一块仰韶文化时期的彩陶片，说明仰韶文化早于商代晚期，当时学者认为仰韶文化可能就是夏文化。进入 20 世纪 50 年代，中原地区自仰韶文化以来的考古学文化编年基本建立，其内容为：仰韶文化—河南龙山文化—洛达庙类型—二里冈文化—殷墟商文化。

1959 年，徐旭生开展了“夏墟”调查。调查虽未确定哪一处遗址可能属于夏王朝时期，但初步确定了偃师二里头遗址很可能是成汤西亳的遗址。通过进一步发掘，学界多数人认为夏文化与商文化的辨认都解决了，即龙山文化晚期和二里头文化早中期是夏文化；二里头文化晚期是早商文化（成汤西亳），二里冈文化是中商文化（中丁隞都）。于是在 1977 年冬天，“河南登封告成遗址发掘现场会”在河南登封召开，会议就夏文化问题进行了研讨，此实为第一次夏文化学术研讨会。会上北京大学邹衡先生发表了与众不同的看法，认为郑州商城是成汤亳都，二里冈文化是早商文化，二里头文化一至四期均为夏文化，由此引发了热烈争论。

20 世纪 80 年代初，偃师商城发现后，多数学者放弃二里头遗址为西亳的看法，认为偃师商城才是西亳，因为偃师商城属二里冈文化时期，与郑州商城同时。如此，对夏文化的探讨，学界基本形成共识，即二里头文化和龙山文化偏晚阶段是夏文化，二里冈文化是早商文化。“夏商周断代工程”也支持这一观点。

（三）夏文化——二里头文化的主要发现与特征

二里头文化的重要发现有以下几个方面：

1. 部分大型宫殿建筑与宫城（图二、三）

在核心区域发现了面积达 10.8 万平方米的宫城，宫城内发现东、西两组大型建筑，其中一号宫殿的面积达 1 万平方米左右。

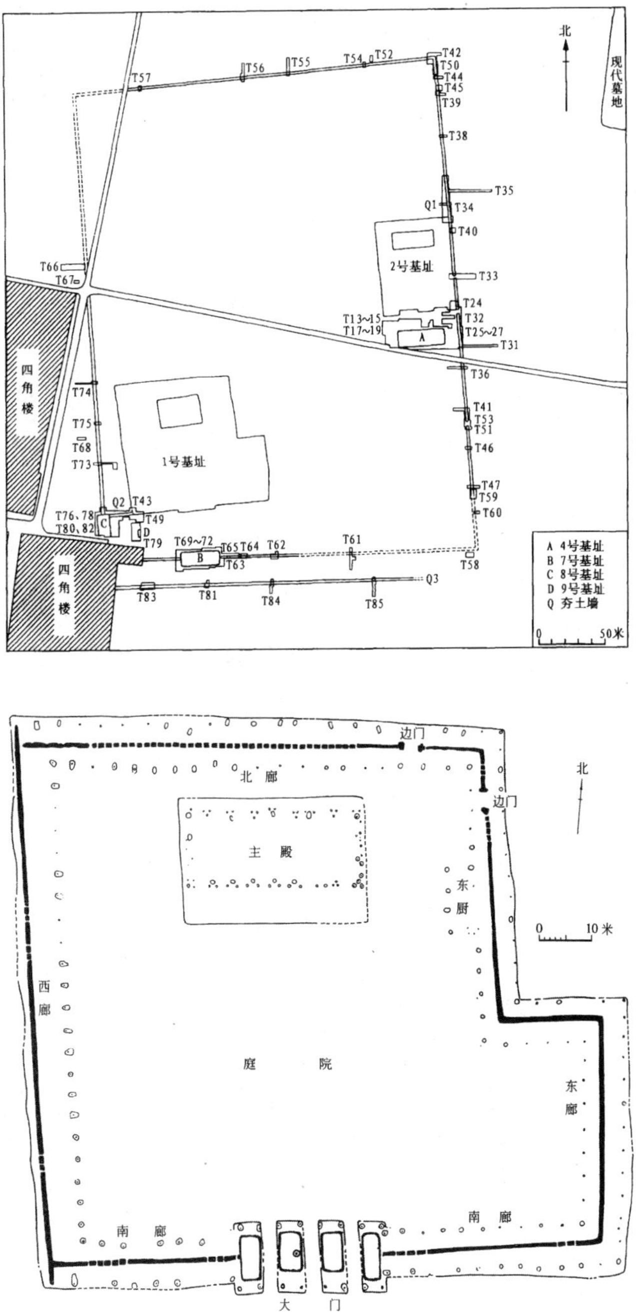

图二　二里头遗址宫殿建筑分布图及一号宫殿基址

图三　一号宫殿建筑复原图

2. 青铜器

青铜器是中华文明早期阶段的重要标志之一，其发生始自龙山时代，但龙山时代发现的青铜器为数甚少，而且多限于小体手工工具，铸造铜器的作坊也未被发现。相比之下，二里头文化的青铜铸造业有了空前的发展，仅二里头遗址所发现的青铜器，种类之多几乎包括了中国青铜时代最主要的类别。在二里头遗址发现的一处铸铜作坊遗存，有 1 万平方米以上，属二里头文化二至四期，前后延续使用约 300 年之久，是中原地区现知最早的一处铸铜作坊。夏代青铜器主要发现于二里头遗址，礼器中的容器（图四）目前所见有 4 种，即鼎、爵、盉、斝。这是现知中国最早的青铜容器。

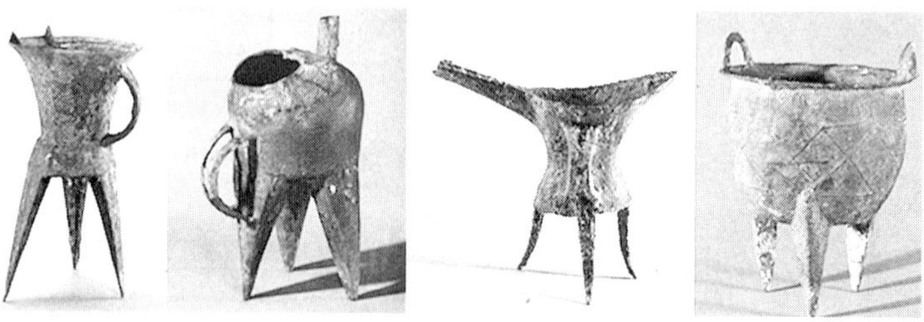

图四　夏代青铜礼器：斝、盉、爵、鼎

3. 流行人祭

在中华早期文明中，还有一特殊现象未引起学界重视，就是在夏代和商代流行用人祭祀，可称为“人祭”，此前、此后都很少见。具体而言，就是在夏、商时期的遗址中常见“人头坑”“乱葬坑”等。（图五）杀人祭祀，在商代甲骨文中有很多记载。这是说明社会分层、人群分等、族际关系复杂和社会矛盾尖锐的最佳材料，是人类社会发展到一定阶段的产物，是探讨中国古代文明发生与发展的重要方面。

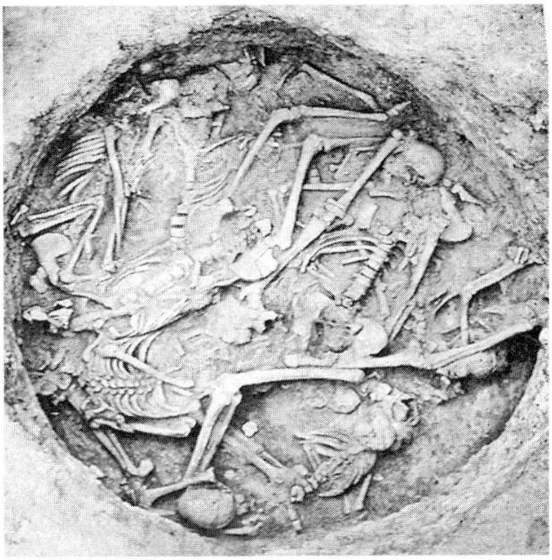

图五　河南登封王城岗遗址内人骨坑

二、夏文化探讨的现状

20 世纪末是夏文化探讨的黄金期，偃师商城和二里头遗址的发掘推动了问题的深入探讨，参与讨论的学者之多，前所未有。正因如此，夏文化探讨基本形成共识，即二里头文化是夏文化，仅其上、下限稍有分歧。

进入21世纪，夏文化探讨的态势相对比较沉寂，远没有此前热烈，原因有二：一是共识基本形成，细节的深入探讨难度更高；二是缺少能够促使问题深入开展的重要新发现。共识归共识，沉寂归沉寂，作为学术问题，探讨并没有完全停止，于共识之外尚有不同声音发出，主要表现在两个方面：一是受碳十四测年数据的影响，旧说回归，即二里头遗址“西亳说”，认为二里头文化前半段是夏文化，后半段是商文化；二是受西方学者的影响，反对或拒绝探讨夏文化。这就是近年来夏文化探讨发生的新动向。所谓新动向，是就学术发展过程而言，就观点而言，其实都不新，都是早已存在的老话题。

先看第一个动向：受碳十四测年数据的影响，旧说回归，即二里头遗址“西亳说”，认为二里头文化前半段是夏文化，后半段是商文化。

2000年，著名的“夏商周断代工程”公布了阶段性成果——《夏商周断代工程1996—2000年阶段成果报告》（简本）（以下称《简本》）。其中关于夏代的历史年代，《简本》估定在公元前2070—前1600年之间，与传统看法相同。关于夏文化和早商文化，《简本》认为河南龙山文化晚期和二里头文化一至四期是夏文化，以郑州商城和偃师商城为代表的二里冈文化是早商文化。然而，同时公布的部分碳十四测年结果与这些结论形成了矛盾，主要有两点：其一，关于商代初年的文化遗存的测年大部分落在公元前1600—前1525年之间，然而二里头文化三期的年代也落在这一时段内，那么二里头文化三期也应属商代初年，属早商文化。这与《简本》认同的二里头文化是夏文化、二里冈文化是早商文化的结论相矛盾，故《简本》两组测年结果肯定有一组不可靠。其二，郑州地区二里头文化晚期—洛达庙类型晚期遗存的年代，被测定在公元前 1740—前 1540 年之间，早于二里头文化晚期；可考古学界普遍认为，洛达庙类型晚期也就是二里头文化晚期，即与二里头文化三、四期同时。显然，同属二里头文化三、四期的遗存，郑州商城遗址的测年早于二里冈下层，而二里头遗址的测年却与二里冈下层同时，二者中肯定有一处也错了。对这两处错误，我曾在《中原文物》编辑部组织的笔谈中指出过，当时以为可能是二里头晚期的测年有误，因为其他多处遗址的数据都与《简本》的夏商年代结论相合，应该比较可靠。

结果出乎预料，测年专家很快公布了郑州地区洛达庙类型晚期的碳十四样品新数据，将其年代后压 100 多年，使之与二里头遗址晚期的测年一致，即相当于公元前 1580—前 1485 年之间，约与二里头文化四期相当。至于二里头文化晚期与二里冈下层年代相同的矛盾，测年专家也进行了相应调整，即依次向后压缩。这样一改，郑州与偃师地区二里头文化晚期年代就相同了，都与早商时期吻合，即两地二里头文化晚期均属早商文化，二里冈文化进入中商。这一测年结果正好与曾经流行的二里头遗址“西亳说”相合，显然，它是对“郑亳说”和偃师商城“西亳说”的否定，也是对“夏商周断代工程”结论的否定，而为个别坚持二里头遗址“西亳说”的学者提供了新的依据。根据新的测年数据，个别坚持二里头遗址“西亳说”的学者突然活跃起来，代表人物就是殷玮璋先生。

自 2005 年以来，殷玮璋先生连续发表文章，并在多次学术会议和其他学术活动中发表演讲。他之所以批判“郑亳说”和偃师商城“西亳说”，重新强调二里头遗址是西亳，二里头文化三、四期属早商文化，其依据只有一项，就是“夏商周断代工程”以来的碳十四测年数据。有的测年专家与他相互配合，彼此呼应，也发表了类似看法，支持二里头遗址“西亳说”，支持偃师商城早于郑州商城的看法。

受碳十四测年新数据的影响，继殷先生之后，二里头遗址当时的负责人亦发出回归二里头遗址为西亳的倾向性意见。（许宏：《关于二里头为早商都邑的假说》，《南方文物》2015 年第 3 期）这主要是由于在二里头遗址工作，面对新的碳十四测年结果，他们无法回避，在相信新的碳十四测年成果、相信商代起始于大约公元前 1600 年的前提下，他们只能回归旧说，并认为“在夏商分界探索领域，到目前为止还不能排除任何假说所提示的可能性”。

再看第二个动向：受西方学者的影响，反对或拒绝探讨夏文化，甚至认为中国历史上有没有夏朝都在两可之间，回避提夏王朝。

其实，这也是个老问题，西方学者一直是这么认为的。比如，1990 年在美国洛杉矶召开了一次“夏文化国际研讨会”，这是首次在国外讨论夏文化问题。会议主题本是讨论夏文化，因有西方学者参加，最后的讨论并非围绕夏文化问题展开，而是转变为夏朝是否存在的争论。

邹衡先生曾经对本次会议进行了回顾，参加会议的学者来自东、西方诸国，所以研讨夏文化的内容与国内不同，其表现是：中国学者都是在讲有关夏文化的具体认识问题；西方学者认为夏朝压根儿就不存在，充其量是神话传说时代，不能具体有所指。其实这种说法在中国也早已有之。如颇为支持顾颉刚疑古的胡适，早在 20 世纪 20 年代谈到夏民族时，就认为：“至于以山西为中心之夏民族，我们此时所有的史料实在不够用，只好置之于‘神话’与‘传说’之间，以俟将来史料的发现。”（顾颉刚《答刘胡两先生书》引胡适来信内容）又如郭沫若在 1935 年撰文认为：“我们要断定夏代还是传说时代，可说是不成问题的。断定夏代是传说时代，并不是说夏代没有。有是有的，不过不会有多么高的文化，有的只是一点口头传下来的史影。”（郭沫若：《青铜时代》，科学出版社，1957 年，第 2 页）

为什么西方学者认为夏王朝不存在？邹先生分析主要有两个原因：一是西方学者对 1949 年以来新中国考古在学术上的收获特别是夏商周的重大突破似乎都不甚了解，认识还停留在 20 世纪二三十年代。二是西方学者认为没有发现当时记述自己属性的文字材料，就不能肯定有夏，也不能肯定有早商。他们的判断标准，就是要有当时的文字材料存在，而且这些文字材料记述了自己的属性，如晚商出土的甲骨文刻有商王的名字和大邑商地名等。所以，西方学者研究中国先秦史从晚商开始。应该承认，这种认识有其合理之处，因为缺少当时自证属性的文字材料，即使证据再多，也不能得出百分之百准确的结论。但得不出百分之百准确的结论，并不等于所有证据都不可靠，连百分之一的可能都没有。否定夏与早商王朝的存在，显然有点极端，也是不合适的。

总之，只要文献记载多少有一点道理，我们就不应该放弃，就应去积极探寻，夏文化探讨也当如此。

三、夏文化探讨需要解决的问题

当前的夏文化探讨，主要集中在夏文化的首尾两端。虽论者不少，但尚有一些问题被忽略，需要认真思考，予以论证。对夏代积年的判定，也有继续探讨的余地，特别是考古人类学材料的运用。

（一）关于夏文化之首

该问题涉及龙山文化、新砦文化与二里头文化一期的关系。对于新砦文化，目前学术界较普遍认为早于二里头文化一期，并由此推导出新砦一带龙山文化结束早、二里头一带龙山文化结束晚的结论，即新砦文化与二里头一带的龙山文化同时。那么二者的分布范围以何处为界？既然二里头一带龙山文化比新砦一带龙山文化结束晚，两地龙山文化又有何区别？发生了什么变化？在中原地区的东部（偃师以东），于龙山文化和二里头文化之间存在一个新砦文化，二里头一带则不然。这种现象在黄河中下游其他地区如何？有没有普遍性？也就是说，在龙山时代与二里头时代之间是否真的存在一个新砦时代？是属于偶然现象仅限于新砦一带吗？

在夏商文化探讨中，不少学者认为政治事件的发生与考古学文化的变化不同步，如王朝更替后，旧王朝的文化不会马上结束，还会延续到新王朝早期或初期，因新王朝之初不可能形成自己特色的文化，此时的文化被称为“后某文化”。那么，夏王朝的建立，是禅让与世袭的交替，与王朝更替有别，考古学文化如何认识？还有“穷寒代夏”的重大事件，夏王朝一度灭亡约40年，以往研究已经考虑到了，但对文化的滞后性还欠深究。若新砦文化是这一事件的结果，那么其下限也一定要滞后到少康复国以后一段时间，即进入夏代中期。

（二）关于夏文化之尾

该问题涉及二里头文化四期与二里冈下层文化的关系。目前学术界有不少学者认为夏代结束于二里头文化三、四期之交，或四期早、晚段之交。四期或四期晚段进入商代，是商代夏文化，或称“后夏文化”，其与成汤西亳的偃师商城早商文化同时并存一期或一段时间。可到目前为止，二里头遗址基本不见典型的二里冈文化下层单位，偃师商城也基本不见典型的二里头文化四期单位，这是需要我们今后在两遗址努力寻找的。

二里头遗址的“后夏文化”正是产生文化滞后理论的源头和依据，因为把它断定在了新王朝初年。可与之相距仅6公里的新王朝都城——西亳，却同时出现了新文化——商文化，而且还是区分夏商王朝分界的界标，是早商文化的典型代表。这样一来，所谓王朝更替与考古学文化现象变化不完全同步的滞后理论就变得复杂起来，就会出现王朝更替后，有的地点文化滞后，不会很快发生变化，为“后某文化”（如二里头遗址）；也有的地点则会很快发生变化，而且还能成为新时代的标志（如偃师商城）。如此，这一理论就不具普遍性，仅适合于旧王朝族群，不适合于新王朝族群。那么，所谓新王朝之初不可能形成自己特色的文化，还要沿用旧王朝文化一段时间的滞后理论就显得太过笼统，有以偏概全之嫌，至少偃师商城的情况不支持这种理论。怎么办？这需要主张这一理论的学者们予以思考，给出合理的解释。

（三）关于夏代积年与王世问题

在我们相信古本《竹书纪年》与《史记·夏本纪》中夏代自禹至桀有 14 世 17 王、共 471 年的记载可靠时，不仅要考虑每世多少年的问题，还要考虑当时人的平均寿命问题。对于前者，涉及男性成婚的年龄，夏代不得而知，但先秦文献中有关于周代的记载，男子多为 20 岁以前加冠成丁，娶妻生子，可作参考。如《荀子·大略》云："天子诸侯子十九而冠，冠而听治，其教至也。"《左传·襄公九年》记载晋鲁之会时，当晋侯听说鲁侯 12 岁了，就说"十二年矣，是谓一终，一星终也。国君十五而生子，冠而生子，礼也。君可以冠矣"。这说明周代不是晚婚晚育，20 岁以前可以成婚生子，即一代约 20 年，更早的夏商也当如此。可夏代 14 世历 471 年，平均每世 33 年，这意味着夏代男子约 30 岁成婚，即一代约 30 年，比周代晚婚太多，有违常理。

至于夏商时期人的寿命平均有多长（幼儿除外），也应该与成婚年龄有关，倘若当时平均年龄能达到花甲之岁，成婚晚一点也还勉强可以理解；若寿命平均 40 岁左右，成婚年龄晚到 30 岁，等于自取灭亡，肯定行不通。究竟当时人的寿命有多长？考古材料可以提供很好的证据，兹列举学界涉及的部分夏商时期典型遗址予以说明。

二里头文化时期，以二里头遗址和大甸子遗址为例。二里头遗址发掘墓葬不少，但经性别年龄鉴定的不多，以有随葬品的墓葬而言有近 10 座，死者中男、女年龄最大者均为 45 岁。大甸子遗址中有 600 多座墓葬经过性别年龄鉴定，近一半人死于 24—55 岁间；35% 死于 6—23 岁间；大于 60 岁者有 5 人（2 男 3 女），不足 1%；70 岁以上者未见。

商代前期经性别年龄鉴定的墓葬不多，偃师商城中经性别年龄鉴定的墓葬有 29 座，死者中最大年龄者为 50 岁。藁城台西遗址中经性别年龄鉴定的墓葬有 22 座，“除十四五岁的少年外，成年人多在 20—50 岁之间”死亡，最大年龄分布在 50—60 岁（M24），未见 60 岁以上者。

由上述夏商时期主要遗址人骨鉴定结果可知，当时人的寿命远不能与现在同日而语，绝大多数 55 岁以前死亡，过 60 岁的很少，平均寿命多不足 40 岁。因此，30 岁以后成婚是不可能的。有文献记载，夏代有 4 个王在位时间多达四五十年（依古本《竹书纪年》，“禹立四十五年”，启“即位三十九年亡，年七十八”，“后芬立四十四年”，“后芒陟位，五十八年”），若如此，其寿命都在 60 岁以上，这等于说，有近四分之一的夏王高寿（24%）。虽然夏王的生活质量高，可能比一般人长寿，但也不能相差太远。如上所述，二里头遗址有随葬品的墓葬中死者最大年龄才 45 岁，其他遗址过 60 岁者不足 1%，这与夏王过 60 岁者占 24% 的比例相差太远，显然这 4 位夏王的年龄之大远超常理，确实难以置信，至少我们不能全信。

总之，如果相信夏王朝 14 世 17 王是可靠的，那么夏代 471 年之数可能有误，即年数多了。反之，如果相信夏代 471 年之数可靠，那么夏王朝 14 世 17 王之说便可能有误，即世数少了。

后 记

依稀记得 2017 年冬季，张立东教授谈他的夏文化暑期研讨班理想，希望我协助他实现这个学术理想。

张老师年少成名，我读硕士研究生时他已经是夏商考古领域的著名学者，硕士导师唐际根教授还请他共同指导过我的学位论文。我 2014 年 7 月回到河南大学历史文化学院任教，与张老师是前后脚进的学院，我俩长期在一个办公室工作，这个机缘使我有幸经常聆听他的高见。他对学术的执着与热情令人钦佩，作为后学和低年资同事，我义不容辞地答应他参与夏文化暑期研讨班的班务，虽然我对夏文化本体没有什么研究，对办研讨班也没有主动作为。

我们在滚滚红尘中忙忙碌碌，为夏文化暑期研讨班这样的学术理想付出心力，一晃行将 5 年，不禁感慨系之。夏文化暑期研讨班体现的是理想主义精神。没有坚持，哪会有理想？可以充满自信地说，我从来没有怀疑过这条道路，而是坚信这条康庄大道应当走下去。全国各地青年考古学子的信任令人感动，10 年之后，研究夏文化的后起之秀几乎都参加过这个班，这是怎样的荣耀！学员们会记住什么，班主任团队会记住什么，可能已经不重要。重要的是，学术理想和人生梦想从这里生根发芽。

办成一件事，需要各方的密切配合。河南大学历史文化学院、黄河文明省部共建协同创新中心、河南大学古代文明研究中心、河南大学公共考古中心、河南大学黄河文明与可持续发展研究中心等机构给予了经费和行政支持，河南大学相关职能部门给予了大力支持，考古文博系承担了主要业务。国家文物局、河南省文物局、中国社会科学院考古研究所、河南省文物考古研究院、洛阳博物馆、二里头夏都遗址博物馆等单位，都对研讨班进行了业务指导和资源支持。《人民日报》、新华社客户端、《中国文物报》、澎湃新闻等重要媒体进行了相关报道，《华夏考古》连续发表了研讨班纪要。

“考古河山”微信公众号承担了研讨班前四届的信息发布、讲座纪要发布等主要宣传推介工作，河南大学考古文博系、黄河文明省部共建协同创新中心的本科生和硕士研究生参与了初稿的整理工作，我负责组织讲座纪要和新闻通稿的撰写，这也是张立东老师命我负责编写这本讲座纪要集的主要原因。

2021 年 7 月 20 日是个值得纪念的日子，大象出版社副总编辑张前进先生带着他的团队冒雨来开封商谈第四届夏文化暑期研讨班讲座纪要集的出版问题，他希望尽快把这届暑期研讨班讲座纪要整理出来并在大象出版社出版。大象出版社曾经出版过张立东老师编的《手铲释天书——与夏文化探索者的对话》，计划 2023 年修订再版并出第二部，可以说，它是张老师和我都非常敬佩的出版社。我们都很赞同张前进先生的提议，并确定由我负责组织实施。本集收入了第四届夏文化暑期研讨班的十个讲座纪要，有两个讲座纪要因版权问题暂不收入，因为集子的题目是《夏文化十二讲》，就加上了王巍先生在首届研讨班上的首讲和已故刘绪先生在第二届研讨班上的首讲。具体负责整理的学生名单，都在相应讲座纪要的篇首注明。每篇讲座纪要都是我修改第一遍，张立东老师修改第二遍，我核对之后请刘中伟老师再通一遍，清样出来之后我们又多次校稿。

夏文化暑期研讨班的第一本讲座纪要集要出版了，5 年来办班的一幕幕情景涌上我的心头。我首先应该向研讨班的发起人和班主任张立东教授致敬，向倾情支持研讨班的王巍先生致敬！众多学界耆宿和翘楚担任了研讨班的授课专家，河南大学考古文博系多名教员义务授课，这些是研讨班高质量举办的学术保障。河南大学历史文化学院时任领导苗书梅、张礼刚，现任领导祁琛云、李竞艳、魏继印等老师，都为研讨班的顺利举办付出了很多辛劳。河南大学黄河文明省部共建协同创新中心主任苗长虹教授对研讨班给予了很多支持。整理纪要的学生和“考古河山”微信公众号的编辑，与我一起见证了一篇篇纪要的定稿过程，付出了很多努力。这些都是研讨班应该感谢并铭记于心的。

夏文化暑期研讨班的新学员和社会各界的读者们拿到这本集子的时候，一定会感受到考古人追求理想的高度、执着于学术的深度、醉心于考古的温度。

侯卫东

记于河南大学黄河文明与可持续发展研究中心

2022 年 4 月 18 日